para começar a praticar

power walking

JANICE MEAKIN

PUBLIFOLHA

Título original: The beginner's guide to power walking

Proibida a comercialização fora do território brasileiro.

COORDENAÇÃO DO PROJETO
PUBLIFOLHA
ASSISTÊNCIA EDITORIAL: Fernanda Diamant
PRODUÇÃO GRÁFICA: Soraia Pauli Scarpa

EDIÇÃO: Editora Página Viva
TRADUÇÃO: Rosemarie Ziegelmaier
CONSULTORIA: Milena Imaizumi Liste
REVISÃO: Felice Morabito e Agnaldo Oliveira

Dados internacionais de Catalogação na Publicação (CIP)
(Câmara Brasileira do Livro, SP, Brasil)

Meakin, Janice
Para começar a praticar power walking /
Janice Meakin ; [tradução Eliana Rocha]. – São Paulo :
Publifolha, 2004

Título original: The beginner's guide to power walking
ISBN 85-7402-569-0

1. Aptidão física 2. Caminhada (Esporte) I. Título.

04-4520 CDD-796.51

Índice para catálogo sistemático:
1. Caminhada : Exercícios físicos : Esportes 796.51

PUBLIFOLHA
Al. Barão de Limeira, 401, 6° andar
CEP 01202-001, São Paulo, SP
Tel.: (11) 3224-2186/2187/2197
Site: www.publifolha.com.br

Este livro foi impresso em julho de 2004 pela RR Donnelley sobre papel offset 90g/m².

sumário

para começar a praticar power **walking**

treinamento 42

como... 90

apresentação

Power walking é a modalidade mais fácil, segura e rápida para entrar (e se manter) em forma, perder peso e desfrutar os benefícios físicos e psicológicos da prática regular de exercícios aeróbicos.

Em uma época em que a maioria das pessoas se encontra acima do peso, pratica menos exercício do que o necessário e está sujeita a uma carga maior de estresse, o *power walking* recupera a energia e faz o praticante se sentir muito bem. Há treze anos, tínhamos vidas muito agitadas. Fora de forma e com alguns quilos a mais, tentamos correr, andar de bicicleta, além de todos os exercícios da moda, até descobrirmos as vantagens do *power walking*. Os adeptos da modalidade caminham com firmeza e com mais vigor, são pessoas menos estressadas e mais motivadas. E é na motivação que tudo começa.

Para começar a praticar power walking oferece um caminho prático para quem deseja se iniciar na modalidade e aos poucos evoluir para um ritmo mais vigoroso. Divide-se em seis projetos de motivação (níveis). Se o objetivo for melhorar a forma física, mantê-la ou mesmo treinar para participar de uma maratona, os programas de treinamento e os mecanismos de auto-avaliação oferecidos aqui garantem um bom início e progressos seguros e eficientes nos níveis mais adequados a cada caso.

Esta obra também oferece orientações importantes para evitar lesões: informações sobre aquecimento e resfriamento e os alongamentos indicados para a preparação dos músculos exercitados nas caminhadas. Segundo as estatísticas, o índice de desistência entre pessoas que iniciam uma atividade física pode chegar a 50%, muitas vezes em decorrência de ferimentos ou de excessos cometidos no início da prática esportiva. Como caminhar constitui uma atividade natural, os níveis iniciais são confortáveis, com um aumento gradual no ritmo para não forçar o corpo.

Além do programa essencial de treinamento, o livro traz ainda informações sobre acessórios, com instruções de como comprar o tênis adequado os equipamentos de monitoração (conta-passos, medidores de batimentos cardíaco) e as roupas indicadas para as diversas condições climáticas.

Na parte destinada à alimentação correta, o leitor encontra orientações nutricionais e ainda dicas sobre como se preparar para uma maratona. Enfim, este livro é um guia de treinamento completo para todos que querem se exercitar por meio de caminhadas.

MAGGIE HUMPHREYS E LES SNOWDON

AUTORES DE *The Walking Diet*, *Walk Aerobics* e *Step It Out*

por que esta modalidade?

Por que um livro sobre *power walking*? Os seres humanos foram "projetados" para caminhar, portanto, essa atividade deveria ser simples e natural. De fato, aprendemos a andar ainda bebês, e ninguém esquece mais como se caminha. Mas, se a idéia de andar mais de um quilômetro ou subir uma colina já o deixa sem fôlego, talvez jamais tenha sentido a satisfação de uma caminhada pelo campo ou mesmo a maravilhosa sensação de atingir um objetivo para o qual se preparou com dedicação.

E o que diferencia o *power walking* da caminhada convencional? O ato de andar parece bastante óbvio: coloca-se um pé diante do corpo para movê-lo, de modo alternado. Não é isso? Com anos de experiência no deslocamento sobre duas pernas, nós nos consideramos especialistas, mas, se tivermos de

benefícios adicionais da prática de power walking

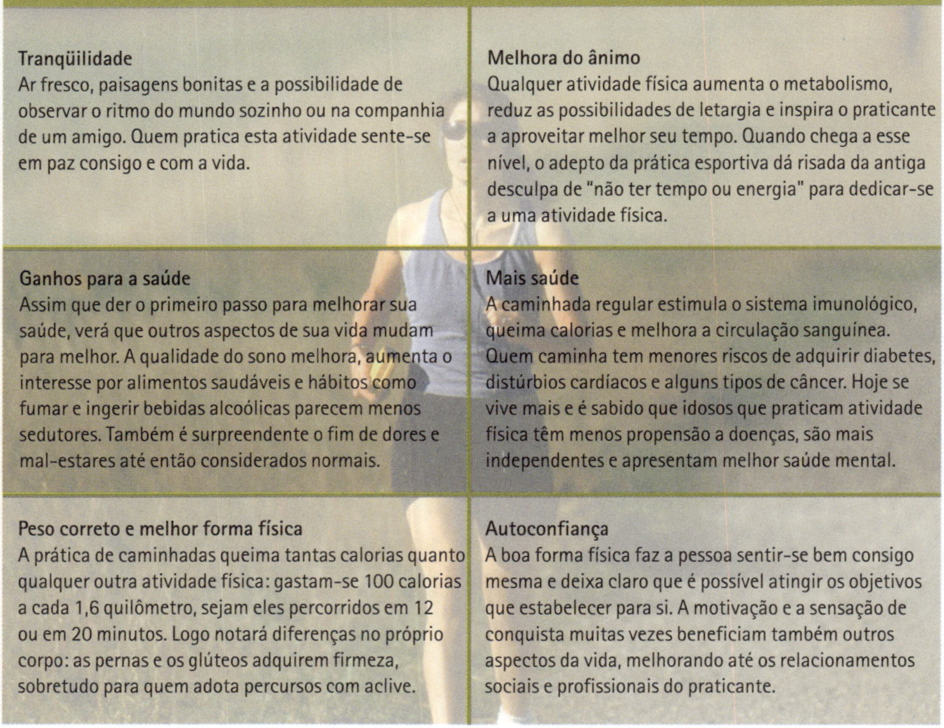

Tranqüilidade
Ar fresco, paisagens bonitas e a possibilidade de observar o ritmo do mundo sozinho ou na companhia de um amigo. Quem pratica esta atividade sente-se em paz consigo e com a vida.

Melhora do ânimo
Qualquer atividade física aumenta o metabolismo, reduz as possibilidades de letargia e inspira o praticante a aproveitar melhor seu tempo. Quando chega a esse nível, o adepto da prática esportiva dá risada da antiga desculpa de "não ter tempo ou energia" para dedicar-se a uma atividade física.

Ganhos para a saúde
Assim que der o primeiro passo para melhorar sua saúde, verá que outros aspectos de sua vida mudam para melhor. A qualidade do sono melhora, aumenta o interesse por alimentos saudáveis e hábitos como fumar e ingerir bebidas alcoólicas parecem menos sedutores. Também é surpreendente o fim de dores e mal-estares até então considerados normais.

Mais saúde
A caminhada regular estimula o sistema imunológico, queima calorias e melhora a circulação sanguínea. Quem caminha tem menores riscos de adquirir diabetes, distúrbios cardíacos e alguns tipos de câncer. Hoje se vive mais e é sabido que idosos que praticam atividade física têm menos propensão a doenças, são mais independentes e apresentam melhor saúde mental.

Peso correto e melhor forma física
A prática de caminhadas queima tantas calorias quanto qualquer outra atividade física: gastam-se 100 calorias a cada 1,6 quilômetro, sejam eles percorridos em 12 ou em 20 minutos. Logo notará diferenças no próprio corpo: as pernas e os glúteos adquirem firmeza, sobretudo para quem adota percursos com aclive.

Autoconfiança
A boa forma física faz a pessoa sentir-se bem consigo mesma e deixa claro que é possível atingir os objetivos que estabelecer para si. A motivação e a sensação de conquista muitas vezes beneficiam também outros aspectos da vida, melhorando até os relacionamentos sociais e profissionais do praticante.

manter um ritmo ou caminhar um dia inteiro, logo descobriremos que a postura e a técnica – para não falar do conforto e da forma física – fazem toda a diferença. É aqui que o *power walking* entra em cena: um esporte voltado para a boa forma e o prazer, que envolve um planejamento e o uso de técnicas para obter o máximo rendimento do corpo.

Benefícios do power walking

O *power walking* proporciona todos os benefícios das caminhadas convencionais. É um exercício de baixo impacto, com reduzido risco de lesões físicas, e oferece as vantagens das atividades aeróbicas. É ainda um bom exercício para coração e pulmões e estimula a liberação dos hormônios do "bem-estar". Na realidade, o hábito de caminhar deveria ser chamado de "melhor alternativa para a saúde". Qualquer atividade que queime calor as elimina açúcares e gorduras do corpo, ajuda a manter um peso saudável e ainda atua na prevenção do diabetes e dos distúrbios cardíacos. O *power walking* fortalece todo o corpo e ajuda o praticante a fazer a transição do andar convencional para o ritmo acelerado.

A maior vantagem da caminhada é que pode ser praticada em qualquer lugar e, para percursos curtos, não se precisa nem mudar de roupa. No entanto, é importante usar sempre calçados confortáveis, para garantir o apoio adequado aos pés.

relatos de sucesso

1 Dave Couper, consultor autônomo, 57 anos
Dave, que antes se dedicava às corridas, recorreu ao *power walking* para recuperar a forma depois de uma cirurgia no quadril e surpreendeu-se ao descobrir que a prática lhe proporcionava um bem-estar similar ao experimentado nas corridas. Além disso, constatou que a inclusão de subidas e descidas, intervalos de ritmos fortes e fracos e *sprints* em seu treinamento produziam os mesmos efeitos para a atividade cardíaca e para a disposição mental, mas sem forçar as articulações.

2 Alyson Davies, dona-de-casa e professora, 39 anos
Antes de se casar, Alyson não tinha problemas com a forma física. Porém, após o nascimento de seus três filhos, começou a sentir dores nas costas. Na tentativa de voltar ao peso adequado, dedicou-se às corridas, o que agravou o quadro. Quando uma amiga sugeriu que ela recorresse ao *power walking* para reduzir as dores e recuperar a antiga forma, ela aceitou o desafio com entusiasmo. Nove meses depois, Alyson participou da Corrida pela Vida e fez um percurso de 42 quilômetros em 7 horas e 22 minutos.

como começar

Com tantas vantagens à sua espera, é provável que já esteja planejando a primeira caminhada. No entanto, antes de sair à procura daqueles tênis velhos, é importante obter algumas informações para garantir sua segurança e seu conforto. Este capítulo procura solucionar as principais dúvidas e explicar como usar os programas de treinamento.

Como funciona este livro

No primeiro capítulo, o leitor encontra tudo sobre a escolha dos calçados, roupas e principais acessórios, além de dicas sobre alimentação e sugestões para manter-se animado. Na seqüência, encontrará informações sobre técnicas de caminhada, orientações sobre como tratar eventuais lesões e dicas para manter-se sempre motivado.

Se já caminha cerca de 30 minutos ao dia e quer saber como aumentar o ritmo ou treinar para um evento mais exigente (como uma caminhada de uma semana), observe os diversos níveis relacionados no segundo capítulo, que trata do planejamento dos treinos. As sugestões podem ser seguidas estritamente ou adaptadas – caso descubra que está em melhor forma do que esperava ou se tiver de enfrentar um período de inatividade que o faça retroceder uma ou duas semanas. Os planejamentos sugeridos ajudam a seguir em frente quando a motivação começa a cair e contribuem para conquistar os objetivos propostos dentro do menor prazo possível e sem riscos para a saúde.

Embora todas as caminhadas sejam eficazes, há sempre a possibilidade de se cair numa rotina confortável que não exija o suficiente de você. Nesse caso, seu corpo precisará de exercícios de fortalecimento e de resistência para aumentar a velocidade e a capacidade física. Antes de começar, leia as dicas de segurança *(págs. 12-3)*, e dedique-se às sessões de acordo com seu ritmo. O capítulo final fala dos objetivos a longo prazo, como o treinamento para uma maratona e os modos de manter o peso por meio de caminhadas regulares.

A sua atual forma física ajuda a definir o estágio inicial das caminhadas *(veja págs.46-7)*

1 partindo do zero	**2 iniciante**	**3 em adaptação**
Se consegue caminhar 5 minutos sem esforço.	Se consegue manter um ritmo moderado por pelo menos 30 minutos por dia.	Se teve de interromper o programa ou se consegue caminhar 45 minutos em um ritmo vigoroso 3 vezes por semana.

desculpas mais comuns

"Estou muito ocupado para fazer caminhadas longas"

Aproveite todas as oportunidades para caminhar, mesmo que seja um percurso de apenas 5 minutos. Aos poucos notará a melhora na forma física, perceberá os benefícios do exercício e logo aceitará melhor a idéia de percursos mais longos. Mas não é preciso treinar para uma maratona: ao determinar um objetivo, comece com a preparação para percorrer distâncias menores ou para fazer "percursos de férias".

"Até as caminhadas mais banais me deixam sem fôlego"

Embora seja normal respirar mais fundo quando se pratica uma atividade física, a falta de fôlego em geral está associada à forma física inadequada. Caminhadas curtas e regulares ajudam a atingir a forma física desejada mais rápido do que se imagina. Comece no nível de iniciante e só aumente o ritmo quando se sentir confortável. No entanto, se após algumas semanas você ainda manifestar falta de fôlego, convém consultar um médico.

"Eu me sinto idiota"

Um dos melhores motivos para recorrer às caminhadas para entrar em forma é que você não precisa parecer um atleta fazendo exercícios. No início, não é preciso exagerar os movimentos dos braços. Se olhar à sua volta, verá que cada pessoa caminha em um ritmo – e você será apenas um dos que caminham mais rápido.

"Não consigo caminhar depressa"

Mais do que ritmo, o *power walking* envolve técnica, a qual faz uso mais ativo dos braços e aumenta o ritmo conforme a forma física se aperfeiçoa. Você pode caminhar na velocidade que preferir, desde que se sinta confortável e descontraído. Fatores como a técnica, o terreno, a forma física e o comprimento das pernas influenciam o ritmo do *power walking* – embora pernas mais longas não sejam sinônimo de ritmo mais acelerado.

"Tenho problemas médicos"

A caminhada constitui o melhor exercício na maioria das condições médicas. Ela é inclusive usada na reabilitação acompanhada após vários problemas sérios, como ataques cardíacos. A não ser que você tenha dificuldades de locomoção, pode caminhar no ritmo que escolher. Se não tiver problemas específicos, converse com seu médico antes de aumentar o ritmo das atividades físicas ou de iniciar uma nova prática esportiva.

teste de resistência

Na hora de caminhar, faça o seguinte teste: tente cantar e, se conseguir, aumente o ritmo. No entanto, se tiver dificuldade para respirar, reduza a marcha. O ideal é conseguir respirar mais rápido que o normal e ainda conversar ao mesmo tempo.

4 intermediário

Praticante que faz caminhadas de uma hora de duração, em ritmo vigoroso, cinco vezes por semana.

5 superior

Esportistas experientes, que caminham ou fazem *trekking* uma hora por dia, à velocidade de 6,5 km por hora.

6 avançado

Caso dos praticantes que uma vez por semana caminham duas horas e uma hora dia sim, dia não, à velocidade de 5,5 a 6,5 km por hora.

um passo de cada vez

Todos os praticantes precisam começar de algum ponto e em geral o percurso tem início na porta da própria casa. Começar com o pé errado, como diz a sabedoria popular, pode resultar em retrocessos e impedir o praticante de atingir o objetivo a que se propôs. Siga as orientações e poderá contar com vários anos de prática de uma atividade agradável e gratificante.

Como está sua forma física?

Descobrir como está sua forma física é o primeiro passo para atingir qualquer objetivo que se tenha estabelecido. Ao planejar uma viagem, por exemplo, costumamos pensar o percurso a partir do lugar onde estamos e não de onde gostaríamos de estar. Quatro entre cinco pessoas que não praticam atividade suficiente para garantir a boa saúde acreditam desfrutar de forma física satisfatória. É muito fácil superestimar as próprias condições e começar a partir de um nível que logo se revela difícil demais. Para evitar esse risco, quem não pratica atividades esportivas há mais de um ano deve começar pelo nível mais básico.

No entanto, antes de pensar em melhorar a forma física, vale perguntar: como anda sua saúde? Responda às perguntas a seguir e, caso a resposta a alguma delas for afirmativa, consulte um médico antes de começar a treinar.

Avaliação da forma física

Quanto consegue caminhar em um ritmo vigoroso sem perder o fôlego?

- Se caminha 15 minutos sem esforço, comece pelo nível inicial.

cinco passos para a definição de objetivos

1

Defina uma meta específica

Escolha um objetivo claro, como percorrer 1,5 km em 15 minutos, caminhar uma hora ininterruptamente, realizar um dos objetivos do plano de treinamento ou perder determinado número de quilos. Anote sua meta em um papel e fixe-o em local visível, como a porta da geladeira.

2

É possível medir os progressos?

Você pode verificar como andam seus progressos se dividir a meta final em semanas ou meses: siga o planejamento para manter o ritmo. Se seu objetivo for perder alguns quilos, deixe para consultar a balança apenas uma vez por semana.

3

Crie metas possíveis

Seja realista na hora de definir os objetivos. Uma pessoa que começa agora não pode esperar o preparo adequado para uma maratona em menos de oito semanas, por exemplo.

- Se caminha mais do que 15 minutos, procure um lugar com marcação de percurso e veja quanto tempo precisa para percorrer 1,5 km. Se o trajeto for percorrido em menos de 20 minutos, comece pelo nível 2.
- Se quer começar pelo nível inicial, apesar de considerá-lo fácil, acelere o ritmo nas primeiras semanas.
- Se não pratica atividade física há mais de cinco anos ou tem mais de 40 anos de idade, modere no ritmo das primeiras semanas.

Qualquer lugar, qualquer hora

Se caminhar sempre, não será difícil aumentar o tempo médio diário de caminhada para 30 minutos, um excelente começo para estabelecer um padrão regular. Suba escadas e faça compras a pé, deixe o carro na garagem para ir ao trabalho ou o estacione mais longe e conclua o trajeto a pé.

Na companhia de amigos

Caminhe com um amigo para poder conversar ou leve seu cão para passear. Outra opção é partilhar um objetivo com outras pessoas. Existem grupos organizados especificamente para fim. Se não encontrar parceiros, comece sozinho.

COMO ESTÁ A SAÚDE

- Você ou alguém de sua família sofre de distúrbios cardíacos?
- Sente dores no peito quando se exercita?
- Sua pressão arterial é alta?
- Já sentiu dores no peito mesmo estando em repouso?
- Sente tonturas ou perda de equilíbrio?
- Tem algum problema ósseo ou de articulações?

Se a resposta para qualquer uma dessas perguntas for positiva ou se tem algum motivo para achar que a nova atividade pode lhe causar problemas, converse com seu médico antes de começar os treinos.

4

Seja realista

Se tempo, restrições de mobilidade ou qualquer outra barreira o impedir de atingir as distâncias propostas, altere seus objetivos para adequá-los a sua capacidade.

5

Determine um prazo

Se seu objetivo for vago ou estiver em um futuro muito distante, é mais fácil encontrar desculpas para abandonar o treinamento. O ideal é estabelecer um objetivo a ser atingido entre 3 e 6 meses. Por exemplo, se pretende cumpri- o até as férias do próximo ano, estabeleça sua meta para a metade do período.

Evite armadilhas

- não tome para si os objetivos de outras pessoas se não estiver certo de que são adequados a você
- não persista em um objetivo que se tenha tornado incompatível com sua vida devido, por exemplo, a um problema de saúde

1

equipamento

É fácil aproveitar ao máximo as caminhadas, desde que se saiba como fazê-lo. Mas você não precisa descobrir tudo sozinho: este capítulo explica quais os equipamentos e os acessórios necessários para treinar e para participar de eventos. Caminhadas curtas não exigem itens especiais, mas calçados e roupas adequados fazem toda a diferença, pois garantem conforto e segurança durante os programas de treino, além de estimular a continuidade da prática. O leitor encontra ainda dicas de alimentação e de técnicas de caminhadas e orientações para o tratamento de eventuais lesões.

conforto para o pé

A escolha do calçado adequado para o tipo de caminhada que se deseja fazer é a parte mais importante da etapa de preparação. Quem pretende caminhar sobre terrenos distintos pode precisar de mais de um tipo de calçado, pois praticar exercícios com o modelo errado pode ser um erro de alto custo. Um par de botas para caminhada custa o mesmo que um par de tênis, e talvez só as calce uma vez por ano, caso suas caminhadas se limitem a percursos por locais com calçamento. As dicas das próximas páginas ajudarão a fazer a escolha certa desde o início.

Calçado correto

Mais importante do que o preço é saber se o sapato calça bem. Ao comprar um novo par de sapatos, experimente-os à tarde, quando os pés estão quentes e em seu tamanho máximo. Escolha um bom par de meias, pois o conforto das botas, por exemplo, depende em grande medida das meias que forem usadas durante a atividade. Hoje existe quase a mesma quantidade de meias que de botas, e em lojas de artigos esportivos encontram-se orientações sobre os modelos mais adequados para cada modalidade.

Como os pés tendem a se alargar e se deslocar para a frente conforme se caminha com mais velocidade, é aconselhavél comprar tênis e botas um número maior do que os sapatos do dia-a-dia. Outra dica é observar se há sobra de pelo menos a largura de um polegar entre a ponta do dedão do pé e o sapato. Lembre-se de que seus pés devem ficar apoiados, mas não restritos, e que o calcanhar não deve mover-se para cima e para baixo dentro do sapato enquanto você caminha.

Para todas as ocasiões

Existem algumas regras que se aplicam a todos os tipos de calçado *(veja págs. 18-9)*. O sapato precisa oferecer apoio para impedir que os pés se movam para dentro (pronação) ou para fora (supinação). Esse apoio recebe o nome de estabilidade e depende da biomecânica de cada um, ou seja, do modo como os pés e as pernas se movem ao longo de cada passo. Também cabe ao sapato oferecer amortecimento para proteger as articulações e os músculos. As lojas especializadas em geral contam com profissionais capazes de avaliar o modo de locomoção ou empregam recursos tecnológicos modernos para medir a maneira de andar dos clientes antes de recomendar algum calçado específico.

O teste do pé

São muitos os fabricantes de calçados, e cada um apresenta qualidades específicas. Embora nomes eloqüentes e pseudocientíficos levem a pensar sobre qual é a melhor escolha, o "teste do pé" ainda é o aspecto mais importante. Os modelos podem ser estreitos ou largos demais, e esse aspecto deve ter mais peso em sua escolha do que algum "indispensável" detalhe tecnológico. Experimente modelos de diversas marcas e escolha um que se mostre confortável ainda na loja – modelos que não calçam bem na hora não irão oferecer conforto depois de comprados. Ainda assim, se achar que fez a escolha errada, tente trocar.

Durabilidade dos calçados

É difícil precisar quanto dura um par de sapatos ou botas, pois isso depende do uso, do peso e do ritmo de andar de cada pessoa, além do terreno escolhido para caminhar. Em geral, eles duram mais se o peso e os percursos forem menores e em terrenos menos árduos. Como nem sempre é possível avaliar se o calçado já perdeu suas características apenas a partir da aparência, aconselha-se a substituição dos pares a cada 600 km ou um ano de uso, o que vier antes. Se encontrar um par de calçados que acomode bem seus pés, compre dois pares e evite "estrear" sapatos novos às vésperas de um evento esportivo. Caso sinta dores nos joelhos sem motivos aparentes, tente trocar de calçados antes de iniciar um tratamento médico.

quatro passos para escolher o calçado correto

1 Prefira lojas especializadas. O conhecimento necessário para ajudá-lo a escolher o melhor modelo em geral só está disponível nas lojas de artigos esportivos.

2 Evite sapatos "genéricos", apesar de serem mais baratos e por isso mais atraentes. Modelos não específicos não costumam oferecer as características necessárias para apoiar e amortecer os pés durante vários quilômetros de caminhada.

3 Avalie os méritos dos modelos de marca pois preço nem sempre é sinônimo de qualidade. Identifique suas necessidades de estabilidade e amortecimento e depois considere os preços de cada alternativa.

4 Leve em conta o peso do calçado. Modelos leves demais podem não oferecer o apoio necessário. Tenha em mente a adequação ao terreno a ser percorrido e seu próprio peso em vez de decidir a partir da sensação ao manusear o calçado – afinal, seu pé é que deve aprová-lo ou não.

tipos de calçado

É possível caminhar usando qualquer tipo de calçado minimamente adequado, mas o modelo escolhido deve ajudar o praticante a atingir seu objetivo com o máximo de conforto e também se adequar ao terreno e às distâncias que pretende percorrer. Existem quatro categorias principais de calçados para a prática de caminhadas: botas para terrenos irregulares ou rochosos; sapatos para trilhas de longa distância ou terrenos acidentados; tênis tipo *cross* ou tipo trilha, para percursos em estradas ou locais pavimentados; e sandálias, indicadas para caminhadas em trilhas ou rochas durante o verão. Quem quer comprar apenas um tipo de calçado deve optar pelo modelo mais versátil e apto para uma maior variedade de terrenos. Em geral, sapatos para caminhadas ou tênis do tipo *cross* resolvem a questão. Se você tem tornozelos frágeis, as botas proporcionam o apoio suplementar necessário. Um resistente par de botas impermeáveis provavelmente custará mais do que os outros modelos, mas nunca oriente sua decisão apenas pelo preço: caminhar em estradas ou locais pavimentados pode ser bastante desconfortável para quem calça modelos desenvolvidos para proporcionar um apoio muito rígido.

« botas para caminhadas

Elas não atolam na lama, oferecem o apoio correto aos pés durante um dia inteiro e são os modelos mais indicados para trilhas longas ou percursos com subidas. Ao experimentá-las, use meias adequadas.

tênis para caminhadas

Versáteis, são aptos para todas as condições climáticas e para a maioria dos terrenos. Mas são menos indicados para superfícies duras e homogêneas, pois proporcionam menos amortecimento que outros tênis.

tênis tipo *cross*

Este é o modelo mais difundido e fácil de encontrar. Existem tênis para a correção de supinação (tendência de mover o pé para fora) ou pronação (tendência para dentro) e os que proporcionam amortecimento extra. As lojas especializadas contam com profissionais capazes de orientar sobre essas especificidades.

tênis tipo trilha

Os tênis para trilha prometem boa aderência para caminhadas sobre o barro, mas não são muito versáteis.

sandálias

O desconforto de fazer caminhadas com botas em dias quentes levou à criação de sandálias, que oferecem apoio, aderência e flexibilidade ao mesmo tempo que mantêm os pés arejados.

roupas adequadas

Não importa qual a roupa usada em uma caminhada de 20 minutos, desde que seja confortável. Para percursos mais longos, porém, o ideal é vestir peças soltas, com elástico na cintura e confeccionadas com materiais que não comprimam o corpo, para garantir uma boa respiração e a manutenção da técnica. Lembre-se: se nem se lembra do que está vestindo enquanto caminha, então fez a escolha certa.

Peças impermeáveis

Calças de secagem rápida são mais confortáveis do que os modelos impermeáveis. Em geral, são confeccionadas com materiais como Klimate ou Gore-Tex ou contam com um forro interno de malha. As jaquetas, leves e resistentes à ação do vento, também são indicadas. Para caminhar em locais abertos durante o inverno ou em lugares frios, pode ser preciso vestir ainda um casaco impermeável mais pesado.

Reflexos

Para caminhadas noturnas, use roupas com detalhes brilhantes ou capazes de refletir a luz.

Tecidos especiais

A tecnologia moderna produz hoje excelentes materiais capazes de reter o calor, reduzir o suor e garantir o conforto durante as caminhadas. Materiais sintéticos especiais conseguem absorver camadas de ar quente, absorver o suor da pele e secar rapidamente se forem molhados. Camisetas feitas com esses tecidos tendem a aderir ao corpo e a proporcionar firmeza durante a prática esportiva.

Jaquetas

Quando a temperatura está fria, mas o praticante pretende se deslocar a um ritmo acelerado, a solução é vestir uma jaqueta que mantenha o calor do corpo sem restringir os movimentos. Confeccionadas em diferentes espessuras e providas de zíper, essas peças são um item essencial para o conforto das caminhadas.

Para os dias frios

Por mais frio que faça ao começar a atividade, após alguns minutos de caminhada você já sentirá calor. Vestir roupas "em camadas" ajuda a controlar a temperatura do corpo, mas ninguém gosta de tirar e vestir peças o tempo todo. O melhor é usar roupas leves: calças, camisetas e jaquetas devem ser soltas - exceto a camiseta interna, se necessária, que deve ficar em contato com a pele. Esta peça, se confeccionada com material sintético de boa aderência, ajudará a absorver o suor.

Calças esportivas

As tradicionais calças de abrigo, sejam confeccionadas em material sintético ou lanoso, são ideais para manter o conforto e a temperatura. Calças de algodão, *jeans* ou largas demais não são adequadas para caminhadas.

PROTEÇÃO CONTRA O FRIO

O vento e a chuva não impedem uma caminhada. Claro que se pode manter o corpo aquecido e seco praticando atividades em lugares fechados, mas os avanços na tecnologia têxtil permitem as mesmas condições sob céu aberto. Nem sempre é possível "adivinhar" as condições climáticas, sobretudo em percursos longos, e sabe-se o desconforto de vestir peças impermeáveis quando a chuva não cai.
No entanto, existem algumas dicas úteis:

1. Comece o percurso vestindo de três a quatro camadas de roupas finas, uma primeira camada aderente ao corpo e uma jaqueta impermeável e resistente à ação dos ventos (feita de material como Gore-Tex) para a última camada. Dias muito frios exigem gorro, cachecol e luvas.

2. Leve uma mochila para acomodar as peças retiradas. Trata-se de um acessório necessário de qualquer modo, pois carrega outros itens essenciais para uma caminhada confortável *(veja págs. 24-5, acessórios)*.

3. Vista ou tire as peças de roupa sempre que necessário: em uma parada para descansar em que a temperatura de seu corpo cair ou se houver mudança de temperatura.

Se costuma levar todos os acessórios necessários em uma pequena bolsa e prefere não carregar mochila, uma alternativa é amarrar as roupas de mangas longas ao redor da cintura.

sem calor excessivo

Embora a chegada de dias quentes seja um alegria, não se pode esquecer dos desconfortos trazidos pelo verão. Quanto menor a quantidade de roupas, maior a exposição da pele, o que pode resultar em escoriações. Outro item importante é o contato com o sol: os raios solares queimam mesmo em dias nublados e as caminhadas sob sol forte podem causar insolações.

PROTEÇÃO CONTRA O CALOR

Para manter o corpo fresco e seguro, basta tomar algumas medidas:

1. Proteja sempre rosto, pescoço, orelhas e demais partes expostas ao sol com filtro solar com fator de proteção mínimo de 15.
2. Use chapéu com abas largas que cubram toda a cabeça.
3. Use óculos de sol com proteção ultravioleta para proteger os olhos e reduzir o impacto da luz solar.
4. Em partes do corpo que podem sofrer atritos, use vaselina para evitar escoriações.
5. Se sua caminhada incluir trechos expostos à ação de mosquitos ou com plantas espinhosas, proteja-se com um repelente ou tome um anti-histamínico.
6. Não descuide da hidratação. A sede é o primeiro sinal de "seca" no organismo. Tomar goles freqüentes de água é bem mais indicado do que engolir grandes quantidades quando a sede atacar *(veja págs. 24-5, sobre garrafas de água ou cantis).*
7. Sempre que possível, prefira caminhar à sombra e evite os horários mais quentes do dia (em geral, entre 11h e 15h).

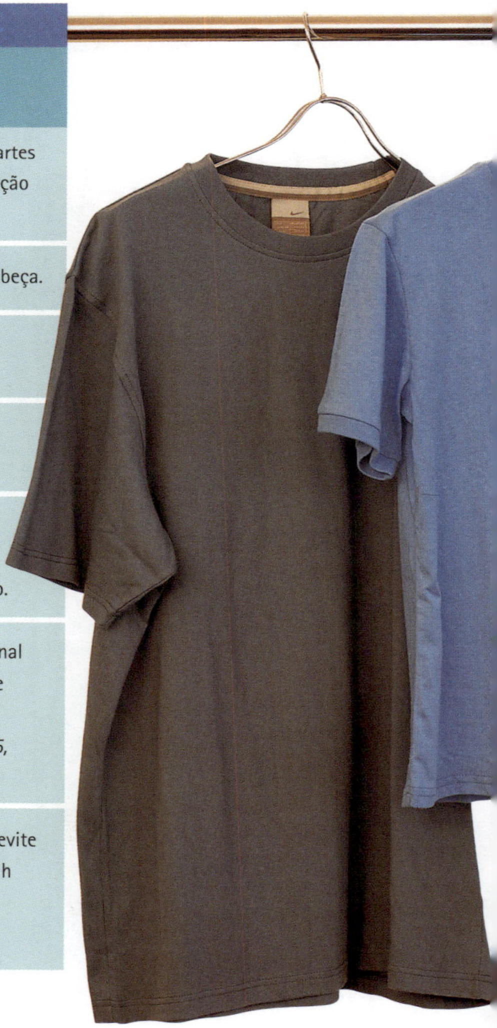

Roupas leves

Shorts, camisetas e meias leves são os principais itens do guarda-roupa esportivo de verão.

Shorts

Modelos largos e mais longos ajudam a evitar o calor e protegem as pernas da exposição excessiva ao sol e também do atrito entre as coxas, que pode resultar em feridas ou assaduras.

Impermeáveis

Mesmo no verão, pode ser útil contar com um casaco impermeável para se proteger das chuvas ocasionais. Você também pode sentar-se sobre a peça quando parar para descansar.

Meias e proteção para os ombros

Em caminhadas mais longas, pode ser refrescante trocar de meias, e, se seu trajeto for muito exposto ao sol, leve uma canga para proteger os ombros.

Protetor solar

Não economize na loção de proteção solar, sobretudo se estiver vestindo camisetas sem mangas. Os ombros constituem uma parte especialmente vulnerável à ação do sol.

acessórios

A última necessidade para uma caminhada longa é uma coleção de equipamentos pesados que "talvez sejam úteis". Porém, para uma atividade agradável e segura, alguns itens fazem toda a diferença. Além dos realmente indispensáveis, existem outros, leves e pequenos, que devem ser levados por precaução.

Quem caminha em competição consome bebidas e alimentos ao longo do trajeto, mas caminhadas do tipo *trekking* pedem uma bolsa ou mochila para acomodar todos os itens necessários. É essencial deixar as mãos livres para manter a técnica de caminhada: mesmo um objeto leve, como uma garrafa de água ou um cantil, pode inibir os movimentos dos braços ou forçar os ombros.

água

Garrafas plásticas de água e cantis são leves (vazios eles pesam muito pouco) e podem ser levados na mochila ou em uma bolsa. O tipo usado depende da extensão do percurso e da disponibilidade de suprimentos no caminho. Os cantis costumam acomodar cerca de 2 litros, enquanto a capacidade mais comum das garrafas é de 1 litro. Tenha em mente que o melhor é tomar goles constantes de água, e por isso não tenha preguiça de tirar a garrafa da mochila sempre que necessário.

bússola

A menos que você caminhe em grupo, a bússola é um item essencial. Lembre-se de que sempre é possível se perder quando se segue uma trilha ou um mapa. Leve também um mapa do percurso planejado (a não ser que caminhe por uma estrada bem sinalizada ou esteja com um guia).

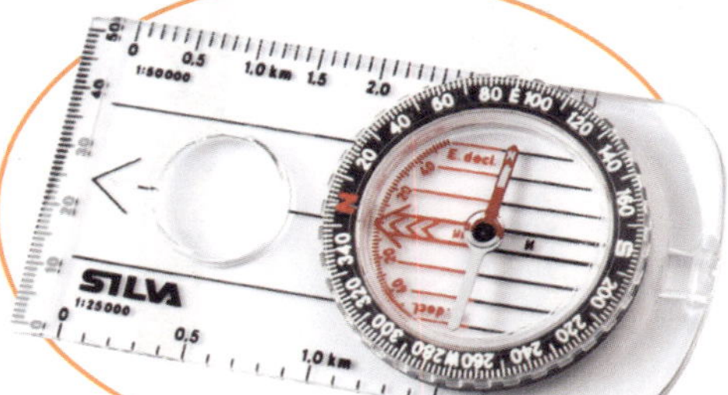

lanterna

É essencial para se locomover depois que anoitecer e para manter a trilha, além de evitar tropeços em raízes de árvore ou buracos no percurso.

óculos de sol

São valiosos quando a luz for intensa demais ou se houver vento, seja qual for a estação do ano. Certifique-se de que o modelo é confortável, leve e de preferência com lentes capazes de filtrar os raios UVB.

o que levar (EM TODOS OS TERRENOS E SOB QUALQUER CLIMA)

- Anti-histamínicos, para evitar picadas de insetos e ferimentos em plantas. Também ajudam a conter as reações alérgicas ao pólen e à grama.
- O uso de vaselina evita escoriações e bolhas.
- Esparadrapos ou *band-aids* para cobrir cortes, ferimentos e bolhas. Além de reduzir a chance de infecção, contribuem para uma cicatrização mais rápida.
- Apito: três sons seguidos é o sinal internacional de emergência.
- Meias sobressalentes para caminhadas em dias úmidos ou quentes permitem a troca caso os pés se molhem ou fiquem aquecidos demais. Não há nada pior do que pés úmidos para a sensação de frio e de desalento.
- Telefone celular ou dinheiro para comprar um cartão são itens úteis para quem quer se precaver.
- Um casaco impermeável para proteção contra chuvas inesperadas, para servir como assento ou para proteger partes do corpo da ação do sol.

no calor

- Repelente contra insetos, se você vai caminhar em lugares com esse problema. As picadas de mosquito em geral não doem, mas coçam muito. Se o trajeto for fora de seu país, antes da partida informe-se sobre os insetos comuns na região e quais os métodos para prevenir ou tratar as picadas.
- Protetor ou bloqueador solares são essenciais. Reaplique com freqüência.

no frio

- Chapéu ou gorro, pois mais de 70% da perda de calor ocorre pela cabeça.
- As luvas mantêm as mãos aquecidas quando o resto do corpo já está em boa temperatura.
- É essencial levar um cachecol. Pessoas que sofrem de asma podem enrolar ao redor do rosto um cachecol leve e que não seja feito de lã, para que o ar chegue aos pulmões mais aquecido.
- Uma garrafa térmica com bebida quente.
- Meias e camiseta sobressalentes.

para medir distâncias

Se pretende fazer percursos longos fora das trilhas convencionais, será preciso contar com alguns acessórios especiais para caminhadas desse tipo. O preço constitui um bom indicador de qualidade ou de características especiais: convém identificar suas necessidades antes de comprar, para evitar pagar 10% ou 20% a mais por algum recurso que nunca será usado.

Você pode caminhar ao ritmo que desejar, mas será mais fácil atingir seus objetivos se aferir constantemente como está o progresso de seu desempenho.

gps

Os Sistemas de Navegação por Satélite (em inglês, *Satellite Navigation Systems*, SATNAV) e o Sistema de Posicionamento Global (em inglês, *Global Positioning System*, GPS) são métodos modernos de orientação. Não são baratos, mas para quem se destina a locais desprovidos de mapa ou aprecia as novidades tecnológicas esses são recursos que permitem o uso de programas de satélite para a orientação em caminhadas. Outra possibilidade é passar as informações armazenadas para o computador e assim manter um registro dos percursos ou de características específicas.

conta-passos (pedômetro)

Você está percorrendo as distâncias planejadas em cada caminhada? O conta-passos constitui um modo simples e barato de controlar os passos ou as distâncias gerais percorridas em um trajeto. Para calibrar o aparelho é preciso medir sua passada normal dentro de uma distância determinada, mas depois ele faz todo o trabalho sozinho. Você pode zerar o aparelho sempre que quiser: no fim do dia, uma vez por semana ou ao término de um percurso determinado.

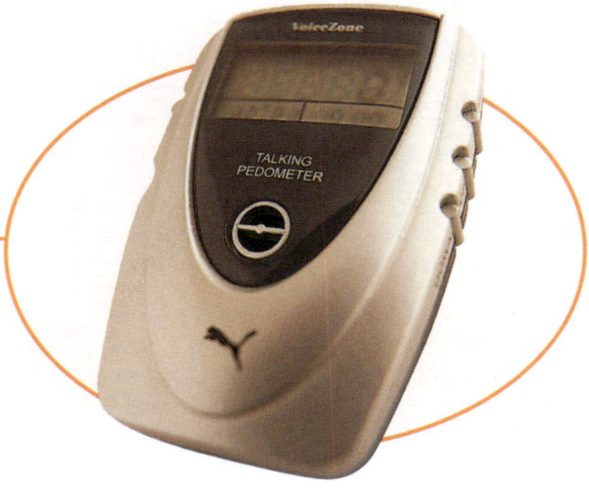

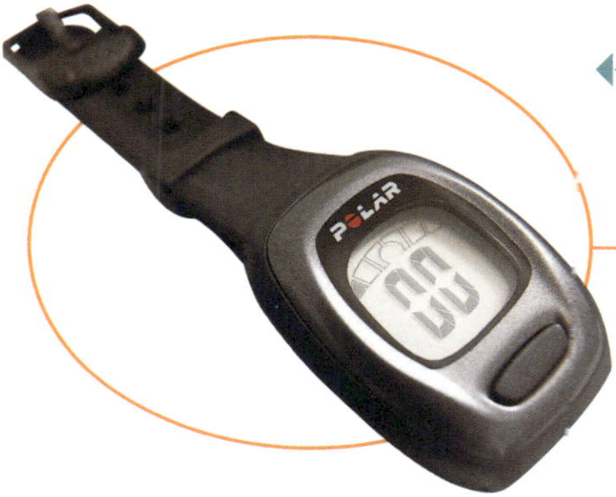

medidor de batimentos cardíacos

Estabelecida uma rotina, os batimentos cardíacos são os melhores indicadores para verificar se está no caminho certo para cumprir seu objetivo no nível de treinamento adequado. Podem-se usar controladores eletrônicos que contam os batimentos do coração ou verificar as batidas pelo método convencional *(veja págs. 48-9)*. O preço dos aparelhos eletrônicos costuma variar bastante. Um controlador básico aponta apenas o ritmo cardíaco, mas alguns modelos incluem cronômetro, um sistema sonoro para avisar quando o praticante ingressa na "zona de treinamento" correta e um contador de calorias. Aparelhos mais modernos registram os dados para permitir comparações e medir os progressos.

bastões

Quando se caminha por terreno acidentado as articulações pagam a conta, mas bengalas, bastões e cajados ajudam a reduzir os esforços. Bengalas e cajados proporcionam um pequeno apoio extra na hora de subir encostas e os bastões para caminhada ajudam a manter os movimentos dos braços por todo o trajeto. Ideais para as trilhas e os percursos em caminhos de terra, os bastões não são indicados para caminhadas em estradas ou sobre solos cobertos de pedra, pois é preciso fincá-los no chão antes de impulsionar o corpo para a frente. Estima-se que o uso de bastões de caminhada aumente a energia gasta em pelo menos um quarto, uma ótima notícia para quem caminha para perder peso. Na hora de escolher um modelo, é preciso verificar:

- O peso e a estabilidade. Os bastões leves e firmes são os melhores, em geral feitos de alumínio, titânio, fibra de carbono ou fibra de vidro.
- A regulagem da extensão. A altura fixa pode prejudicar as costas de pessoas mais altas ou mais baixas do que a média. Os modelos de extensão regulável evitam o problema de desajuste e podem ser acomodados dentro da mochila.
- As características antichoque. Alguns modelos têm amortecedores internos, apoios acolchoados para as mãos ou correias para os pulsos, características que ajudam a segurar o bastão com conforto e sem perder o ritmo.

alimentação

Nos dias de hoje, ouvimos constantes informações sobre a importância de manter uma dieta saudável e as conseqüências para a saúde caso a alimentação seja inadequada. Dados sobre quantidade de gordura, carboidratos refinados, teores calóricos e implicações da alimentação sobre distúrbios como o diabetes e os problemas cardíacos podem nos deixar confusos sobre a adequação de nossa dieta cotidiana.

Todas as pessoas reconhecem a capacidade de atração dos alimentos semipreparados, que só precisam ser levados ao microondas ou direto à boca

os alimentos e suas funções

	TIPOS DE ALIMENTO	FUNÇÕES NO ORGANISMO
1	CARBOIDRATOS (1g de carboidrato equivale a 4kcal)	Fornecem energia para as funções básicas e para toda a atividade muscular *(veja págs. 30-1,* Dieta correta*)*
2	PROTEÍNAS (1g de proteína equivale a 4kcal)	Garantem a manutenção das células
3	GORDURAS (1g de gordura equivale a 9kcal)	Permitem o armazenamento de energia para a atividade muscular e atuam no transporte de vitaminas
4	ÁGUA	Mantém todas as funções do organismo: o peso total de nosso corpo é formado por 50% a 70% de água
5	FIBRAS (solúveis e insolúveis)	Permitem o melhor funcionamento do estômago e do intestino
6	VITAMINAS E SAIS MINERAIS	Funcionam como mensageiros e catalisadores: embora o ser humano precise de pequenas quantidades, a falta dessas substâncias causa doenças

– nada de trabalho nem de louça para lavar. No entanto, não dispensamos esse tratamento para nossos animais de estimação nem para nossos veículos: gatos e cachorros são alimentados com rações que incluem todos os nutrientes necessários para cada refeição, sem excesso. Para os carros, damos apenas o combustível exato para o qual o modelo foi fabricado e não descuidamos das trocas de óleo. Assim, embora nos asseguremos de garantir a melhor saúde às coisas e aos animais que possuímos, nem sempre avaliamos com cuidado o que nós mesmos estamos consumindo. Somos vítimas da ampla diversidade de escolha.

É fácil optar por uma dieta saudável: não há dificuldades para ser seguida, não custa mais e pode incluir itens bastante saborosos. Mas quais são as necessidades de nosso organismo?

ONDE ESTÁ PRESENTE	QUANTIDADES NECESSÁRIAS
Frutas, verduras, massas, batata, arroz, pão, leite	60% a 70% da ingestão diária ou cerca de 6g para cada quilo do peso da pessoa ao dia
Carnes, peixe, leite, queijo, frutas secas, legumes e grãos	15% da ingestão diaria
Azeites, manteiga, frutas secas, abacate, leite integral, queijo	de 15% a 25% da ingestão diária
É preciso prestar atenção na quantidade de calorias presentes nas bebidas com acréscimo de açúcar	Pelo menos 2 litros por dia – e quantidade maior se ingerir o líquido quente ou se a pessoa for muito ativa
Frutas, verduras, carboidratos não-refinados (como arroz e pão integrais)	Uma dieta rica em carboidratos não-refinados fornece as fibras necessárias
Invisíveis, mas presentes na maioria dos alimentos. O melhor modo de obter os teores necessários é comer alimentos variados	As demandas variam muito: existem recomendações de ingestão diária mínima de vitaminas e sais minerais para evitar doenças

Chocolates, doces, bolos e refrigerantes não aparecem nas listas de alimentos essenciais, pois são itens que agradam ao paladar mas não fazem parte de uma dieta saudável. Isso não significa que não possam ser ingeridos nunca, mas sim que nosso organismo não precisa deles. Podemos extrair todos os nutrientes necessários dos outros alimentos e por isso esses itens devem ser consumidos ocasionalmente ou para um rápido acréscimo de energia durante a atividade física.

dieta correta

EXEMPLOS DE IG

Açúcar	100
Batata	80
Pão	72
Arroz	65
Banana	62
Massas	50
Maçã	38
Lentilhas	30
Damasco seco	30

como reduzir o risco de cãibras

- Evite fazer refeições pesadas antes de uma caminhada.
- Beba goles constantes de água em vez de grandes quantidades de uma só vez.
- Prefira bebidas energéticas com menos de 24 de carboidratos por 300ml, pois são mais fáceis de ser digeridas.
- Mantenha o estômago sempre abastecido durante as caminhadas *(veja págs. 36-7)*.

A forma mais acessível de carboidrato como fonte de energia é o açúcar simples, pois sua energia é rapidamente liberada na corrente sanguínea. A escala de índice de glicemia (IG) mostra a velocidade de absorção de outros alimentos na comparação com o açúcar: quanto mais elevados na escala, maior a rapidez de absorção. Alimentos com elevado IG podem causar um aporte de glicose ao sangue, o que em geral proporciona uma satisfação temporária. A ingestão de alimentos com IG mais baixos mantém estáveis os níveis de glicose do sangue, o que faz bem para o coração, reduz a probabilidade de as calorias excessivas serem transformadas em gorduras e aumenta a sensação de saciedade.

O que é índice metabólico?

A quantidade de energia necessária para um dia, antes mesmo de se pensar em praticar atividades físicas, é conhecida como Índice metabólico básico (IMB). Pessoas ativas, além de precisarem de mais calorias nas atividades, também consomem mais enquanto descansam.

O problema da maioria das dietas é o "efeito sanfona". A perda acelerada de peso deflagra uma baixa no índice metabólico, de modo que, ao se retomar a dieta habitual, os quilos voltam e são mais difíceis de perder. A luta contra a balança torna-se uma constante, com danos sérios para a autoconfiança e a disposição. Mas a prática regular de exercícios pode interromper o ciclo vicioso de "engorda e emagrece".

Alimentação em movimento

Durante a prática de atividades físicas, o abastecimento de sangue não está concentrado no estômago e a digestão de alimentos pode provocar cãibras. No entanto, ao caminhar é preciso "repor os estoques" de energia. Alimentos de fácil digestão também são de fácil consumo durante as caminhadas: maçãs, bebidas com açúcar e barras energéticas com baixo teor de gordura.

De olho na hidratação

- Esteja preparado e sempre leve água.
- Beba goles ocasionais em vez de saciar a sede de uma vez.
- Líquidos frios são mais eficientes para reidratar. Se os ingerir quentes, terá de consumir uma quantidade maior para obter a mesma hidratação.
- Se consumir alimentos desidratados (barras energéticas, uvas passas), beba mais líquidos.

- Todo líquido eliminado pelo suor deve ser reposto com pequeno acréscimo. Pese-se antes e depois da atividade para saber qual a quantidade de líquido necessária (meio quilo de peso equivale a meio litro de líquido).
- Após a caminhada, beba bastante líquido. Observe a cor da urina, que deve ser amarelo-clara quando a hidratação está correta.

Altos níveis de energia

O modo e os horários da alimentação são tão importantes quanto o teor da dieta. Prefira pequenos lanches ou uma refeição a cada 3 ou 4 horas e carboidratos a alimentos ricos em gordura ou protéicos demais. Beba bastante água antes de ter sede.

COMO PERDER PESO

- Mude apenas um ou dois hábitos alimentares por semana em vez de mergulhar em uma dieta radical. Mantenha um diário.
- Evite alimentos que "enchem" quando consumidos mas que dão sensação de fome meia hora depois.
- Reduza o consumo diário de calorias para um máximo de 200 por dia.
- Aumente seu nível de atividade física para queimar 500 calorias ao dia (o mesmo que uma caminhada de 8 km).
- Consulte a balança apenas uma vez por semana e lembre-se de que os músculos trabalhados tendem a ganhar mais peso do que a gordura perdida – dado que os ponteiros não conseguem apontar.

preparação para uma maratona

Quando estiver pronto para caminhar 42 km, já terá uma boa idéia de seus alimentos preferidos e da freqüência de sua ingestão de modo a não comprometer seu ritmo. Na sua primeira maratona, é preciso considerar alguns aspectos. Mesmo que não esteja participando para concorrer, é normal sentir-se nervoso antes da prova. Em geral essa sensação desaparece, mas ela pode afetar a qualidade de sua alimentação ou do consumo prévio de líquidos. Se as condições nervosas afetam seu estômago, você pode perder o apetite temporariamente. Evite essa situação certificando-se de que seu consumo de alimentos na semana anterior ao evento está bem organizado: bastante carboidratos não-refinados, o nível adequado de proteínas e pouca gordura.

1 Uma semana antes

Os carboidratos são a melhor fonte de energia. Por isso, coma massas, pão e arroz, acompanhados de molhos à base de tomate, frango grelhado, lentilha e muitas verduras e frutas como guarnição.

2 Noite anterior

As massas são uma excelente opção para quem se prepara para uma caminhada. Elas são de fácil digestão e adquirem novos sabores com a combinação de alguns poucos ingredientes como tomate, queijo e temperos.

3 Na manhã anterior à maratona

Se você não sentir fome por causa do estado nervoso, coma ao menos algumas torradas com suco ou chá para não ficar de estômago vazio.

4 Durante o percurso

Embora distribuam água durante o trajeto, recorrer a alimentos que não comeu até agora não é uma boa idéia. Leve consigo itens aos quais já esteja acostumado e tente comer ou beber o equivalente a pelo menos 100 calorias para cada hora de percurso.

5 Após a maratona

É essencial se alimentar nas duas horas seguintes a qualquer caminhada, a fim de recuperar os níveis de energia e reduzir o desgaste muscular. Combine proteínas e carboidratos (um sanduíche de atum ou uma tigela de cereais com leite desnatado) e tome bastante líquido. Fique longe das bebidas alcoólicas.

aquecimento e resfriamento 1

Caminhar em terrenos irregulares pode aumentar o risco de torcer o tornozelo, sobretudo se já tiver sofrido torções anteriormente *(veja pág. 38*, torção do tornozelo*)*. Estradas irregulares, superfícies pavimentadas com pedras ou pedregulhos também costumam forçar mais os músculos. Procure caminhar sobre terrenos variados, como grama e asfalto, e evite caminhos íngremes que forcem para um dos lados.

Caminhar é uma das atividades mais seguras que se podem praticar e está entre as modalidades que oferecem menor risco de lesões. No entanto, quem deixa de aquecer ou resfriar o corpo ou exagera no ritmo logo pode sentir desgaste e dores.

Hora do aquecimento

Para aquecer o corpo, caminhe devagar no início e, se sentir os músculos rígidos (sobretudo pela manhã), alongue a panturrilha, os tendões e as coxas após a caminhada, por cerca de 10 minutos. Não alongue antes da atividade, pois músculos frios são mais sujeitos a lesões. Ao se aproximar do fim do percurso, reduza o ritmo nos últimos 5 minutos, permitindo que os batimentos cardíacos se reduzam aos poucos e aliviando a tensão dos músculos. Ao chegar em casa, beba bastante água e alongue os principais grupos musculares. Durante os alongamentos, mantenha as posições por no mínimo 30 segundos, sem jamais exagerar na força.

Respire calmamente enquanto alonga e não prenda a respiração. O músculo em questão deve ficar estendido, mas não dolorido. Para a adoção de uma rotina adequada, repita sempre o exercício com o outro braço ou perna antes de mudar de alongamento. Os 8 exercícios apresentados a seguir ajudam a reduzir o enrijecimento causado pela caminhada e funcionam como uma forma de prevenir problemas de distensão muscular.

« alongar os tendões

Sente-se no chão e estenda uma perna à sua frente. Dobre a outra de modo que o pé encoste no joelho da perna esticada. Mova-se para a frente, na direção dos dedos dos pés, mas sem dobrar as costas. Sinta o resultado na região posterior da coxa.

alongar o tronco

Estenda uma perna à sua frente e posicione o pé da outra perna do lado de fora do joelho da perna esticada. Posicione uma das mãos atrás de você e vire-se, olhando sobre seu ombro. Você irá sentir o alongamento dos músculos da região das costas.

alongar as panturrilhas

Posicione uma perna à sua frente e dobre-a no joelho, mantendo a outra perna estendida e com o tornozelo apoiado no chão. Os dois pés devem ficar virados para a frente. Você irá sentir o alongamento dos músculos abaixo do joelho, na parte traseira da perna.

alongar o quadril

Apóie um joelho no chão e dobre a outra perna. Mantenha o tronco reto e impulsione o quadril para a frente. Mantenha o joelho da perna dobrada alinhado com o pé (se o joelho ultrapassar, deslize o pé para a frente até alinhá-los). Sinta o efeito deste exercício nos músculos situados à frente do quadril.

aquecimento e resfriamento 2

alongar os músculos quadríceps

Segure a ponta de um dos pés atrás de você, na direção das nádegas (mas sem encostar). Mantenha o quadril alinhado e os joelhos unidos. Sinta o alongamento na parte dianteira da coxa. Para intensificar o alongamento, impulsione a pelve para a frente com suavidade.

alongar o peitoral

Una as mãos atrás das costas, como se quisesse aproximar os ombros. Respire calmamente e mova os ombros para trás com suavidade. Sinta o alongamento na parte superior do peito.

alongar os tornozelos

Com uma perna dobrada, posicione um pouco à frente. Mantenha os dois pés presos ao chão e virados para a frente. Você irá sentir o efeito do alongamento na região acima do tornozelo da perna de trás.

alongar a região anterior das pernas

Apóie-se sobre uma perna, amparando-se em uma parede se julgar necessário. Estenda uma perna à sua frente e direcione a ponta dos pés para o chão e para dentro, para sentir o alongamento dos músculos da região anterior da perna. Depois aponte o pé para fora pelo mesmo tempo, para alongar o músculo interno.

hora de descansar

Se tem treinado pesado, alongamentos não bastarão para que seu corpo acompanhe o ritmo: é preciso dedicar alguns dias ao descanso para permitir que ele se recupere e se fortaleça. Pelo menos uma vez por semana, faça apenas uma caminhada leve ou não pratique exercícios. Mesmo que não se sinta cansado, após uma caminhada com subidas ou com um ritmo mais veloz que o habitual é preciso uma jornada mais leve, para evitar o excesso e a sobrecarga dos músculos. Ainda que esteja ansioso para avançar em seu programa de treinamento, lembre-se de que isso só será possível com o descanso adequado. Dias, semanas e meses com um ritmo regular deixam o praticante mais forte e em melhor forma em menos tempo.

modos de andar

A técnica é essencial para progredir com o *power walking*. No início, usar a técnica correta pode parecer estranho, especialmente para quem só costuma caminhar na hora de fazer compras ou em viagens curtas. Nessas ocasiões, raramente se notam as conseqüências decorrentes da postura inadequada enquanto se caminha. Quando se sentir pronto para melhorar sua técnica, o ideal é concentrar-se em uma região do corpo de cada vez.

Dentro de casa

Alguns exercícios para melhorar a resistência e ajudar na recuperação de lesões podem ser praticados em casa. Essas séries ajudam a fortalecer diversos músculos e podem ser ampliadas conforme a forma física melhora.

Faça esses exercícios com o corpo ainda aquecido, após as caminhadas (nunca quando os músculos estiverem frios). Quem tiver problemas de pressão alta não deve praticar esses exercícios.

EXERCÍCIOS PARA CAMINHAR MELHOR

PÉS

O pé humano é um órgão complexo, composto de 26 ossos, 33 articulações, 107 ligamentos e 19 músculos. Sua força depende da combinação da rigidez (conferida pelos ossos) com a flexibilidade dos músculos e ligamentos. Quando pisamos, o calcanhar deve estabelecer o primeiro contato com o chão. O pé move-se suavemente para dentro conforme o calcanhar sobe e todo o peso acaba concentrado na protuberância do pé. Pouco antes do próximo passo, o dedão toca o chão. Se houver alguma variação nessa ordem (por exemplo, quando não se apóia primeiro o calcanhar), outros músculos precisam compensar o problema, o que pode resultar em sobrecarga.

COSTAS E DORSO

Adote uma postura reta, com estômago encolhido, quadril encaixado e ombros suavemente inclinados para trás. Anos de deslocamento incorreto podem parecer normais hoje, e, ao caminhar com uma postura mais firme e reta, músculos enfraquecidos e pouco utilizados podem causar desconforto. Insista. Músculos rígidos podem gerar mudanças posturais que às vezes só se manifestam quando já estão lesados. Caminhar exige bastante dos músculos do quadril. Tendões ou flexores podem forçar a parte inferior das costas. Para evitar excesso, estabeleça sua rotina de caminhadas gradual, não exagere na extensão dos percursos e jamais se esqueça de alongar-se após os exercícios. Se caminha levando bolsa em um dos lados, pode ter desenvolvido um caminhar assimétrico. Caso sinta rigidez maior em um dos lados do corpo, procure a orientação de um profissional para corrigir o problema.

EXERCÍCIOS PARA OS COTOVELOS E JOELHOS

Deite-se no chão, sobre um tapete ou um colchonete. Apóie os cotovelos e os antebraços no chão, mantendo os cotovelos alinhados com os ombros. Estique o corpo e as pernas, apóie os joelhos no chão, prenda o estômago, relaxe as mãos e mantenha o corpo reto. Tome cuidado para manter as costas retas. Mantenha o queixo no ângulo correto em relação ao peito, de modo a olhar diretamente para seus pulsos ou suas mãos. Mantenha-se nessa posição de 5 a 30 segundos. Não esqueça de respirar regularmente enquanto se mantém nessa posição.

Se você se sentir preparado, pode avançar nesse exercício a partir da mesma posição básica, mas variando as posições secundárias.

- Mãos e pés
- Mãos e um pé, com o outro elevado, alternando a posição
- Mãos e um pé deslocado para a lateral
- Cotovelos e pés
- Cotovelos e um pé, alternando a posição.
- Cotovelos e um pé deslocado para a lateral

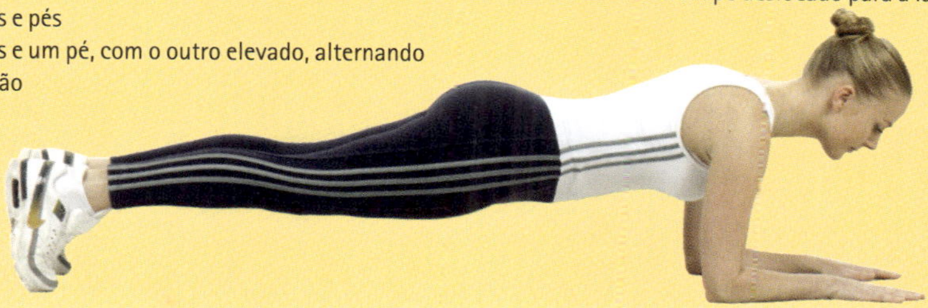

BRAÇOS E OMBROS

Para caminhar é preciso que membros superiores e ombros estejam confortáveis, já que caminhar com as mãos livres permite o máximo de relaxamento. Posicione os braços em um ângulo de 90 graus, com as mãos suavemente curvadas como se estivesse carregando objetos frágeis, e mova-os fazendo um pequeno arco da lateral da cintura em direção ao peito, alternando cada braço com a perna oposta. Braços e pernas devem mover-se juntos: quanto mais rápido você mover os braços, maior a velocidade das pernas. Não use pesos para aumentar a resistência dos membros superiores enquanto caminha, pois a iniciativa pode forçar os ombros e as articulações e afetar seu ritmo. Se quiser fortalecer essa parte do corpo, utilize halteres ou objetos como garrafas vazias (se procurar uma alternativa mais barata) em casa.

CABEÇA E PESCOÇO

Ao caminhar, todos queremos ver para onde vamos e o que nos espera no caminho. Manter a cabeça erguida, com o olhar concentrado a uma curta distância à frente, permite as duas coisas. Quem caminha com a cabeça abaixada, sobretudo se levar uma mochila nas costas, força o pescoço e os ombros. Para aliviar qualquer esforço, após concluir a caminhada mova a cabeça com suavidade em um movimento semicircular, de um ombro para outro, diversas vezes.

PASSADAS

Uma passada confortável ajuda a aproveitar a caminhada sem forçar o corpo. Conforme se sentir mais em forma pode aumentar as passadas, embora isso não signifique necessariamente uma velocidade maior. O ritmo de movimento das pernas funciona melhor na hora de avaliar a velocidade, o que tende a aumentar conforme se entra em forma.

lesões

Lesões na maior parte do corpo, distensões musculares e danos em tendões ou ligamentos em geral são acompanhados de inchaços (ou edemas), uma vez que o sangue se concentra na região afetada. Como isso pode provocar mais prejuízos aos tecidos, o principal aspecto dos primeiros socorros consiste em reduzir o edema e evitar danos maiores, capazes de dificultar a recuperação.

Quando se começa a caminhar, podem-se encontrar dificuldades para diferenciar o desgaste decorrente da falta de atividade das verdadeiras lesões. Ao primeiro sinal de dor, siga as indicações de primeiros socorros e procure a ajuda de um médico se a dor não desaparecer após alguns dias.

exercícios em caso de lesões

torção do tornozelo

Se torcer o tornozelo, faça o seguinte exercício:

1 Apóie-se no pé saudável, amparando-se em algum lugar.
2 Tente equilibrar-se sem nenhum apoio.
3 Repita o exercício, desta vez com os olhos fechados.
4 Mentalize o que seu pé não ferido consegue fazer e repita os passos 1 a 3 com o pé ferido.

deslocamento do joelho

Se você sentir dor na patela ou na região do joelho, faça o seguinte exercício:

Sente-se em uma cadeira ou no chão, com as pernas estendidas à sua frente. Apóie-se em suas mãos. Force o músculo da coxa e tente estender o joelho. Se o calcanhar se afastar do chão, não tem importância. Vire o pé para fora e, apoiando as costas nas mãos posicionadas atrás de você, erga a perna de 5 a 8 centímetros do chão. Repita esse movimento entre 10 e 20 vezes.

Tratamento PRICE: Pressão, ICE (gelo) e Repouso com Elevação

1 **Ice** (gelo). Aplique uma bolsa de gelo sobre a região afetada. Deixe-a sobre o ferimento no máximo por dez minutos e repita a operação no mínimo três vezes por dia.

2 **Pressão.** Enfaixe a área afetada, sobretudo nas primeiras 24 horas após o ferimento. Verifique se não apertou demais as faixas deixando os dedos com aspecto azulado. Quem sofre de diabetes ou de outra perda de sensação deve evitar esse recurso.

3 **Eleve** o braço ou a perna, para reduzir o abastecimento de sangue para a região. Certifique-se de que a circulação não se encontra obstruída.

4 **Repouso.** Descanse o órgão machucado. Se não for uma lesão séria, bastarão alguns dias para a recuperação adequada. Caso for preciso um tempo maior, porém, você pode recorrer a outras atividades para manter a forma física *(veja págs. 44-5).*

soluções para as cinco lesões comuns nas caminhadas

LESÃO	POSSÍVEIS CAUSAS	TRATAMENTO E PREVENÇÃO
LESÃO NO TENDÃO DO CALCÂNEO	Decorrente de caminhadas em superfícies rígidas, excesso de esforço, atrito da ponta do calcanhar ou uso de sapatos de salto alto.	■ Use a técnica PRICE. ■ Altere a superfície percorrida e o tamanho do salto, aumente a intensidade dos exercícios com moderação e verifique se seu calçado tem solado macio. ■ Faça o alongamento para os tornozelos.
LESÃO NO TORNOZELO	A recuperação de lesões no tornozelo pode causar marcas, vulnerabilidade a outros ferimentos, enfraquecimento e perda da noção de equilíbrio	■ Exercite o senso de equilíbrio *(veja pág. 33*, torção do tornozelo*)*.
DOR NO JOELHO	Em geral decorre do ritmo da marcha, mas também pode advir de desequilíbrios ou excessos em músculos de outras partes, como das costas, glúteos e quadríceps na coxa.	■ Use a técnica PRICE. ■ Fortaleça os músculos quadríceps (use o exercício para deslocamento do joelho). ■ Se o problema decorrer de desequilíbrio muscular, veja as propostas das págs. 32-5. Caso não surta efeito, consulte um fisioterapeuta.
DOR NA REGIÃO ANTERIOR DA PERNA	A pronação ou o encurtamento dos tendões pode forçar os músculos da região anterior das pernas (por exemplo, o músculo tibial anterior). Trata-se de um problema comum entre os iniciantes ou quando se muda de terreno percorrido.	■ Use a técnica PRICE. ■ Avalie a necessidade de usar palmilhas especiais para pronação dos pés. ■ Faça os alongamentos para a região anterior das pernas e as panturrilhas. ■ Fortaleça os músculos correndo ou andando com passos ritmados.
TENSÃO NAS PERNAS	Exagero no ritmo, excesso de treinamento e falta de aquecimento ou resfriamento adequados podem causar o problema, além de percursos muito longos ou a velocidades excessivas.	■ Use a técnica PRICE. ■ Faça os exercícios indicados para aquecimento e resfriamento do corpo *(págs. 32-5)*. ■ Siga as instruções das págs. 36-7 e evite excessos.

Massagens, tratamentos com fisioterapeutas ou especialistas podem identificar problemas ainda no início, evitar danos musculares e tratar os ferimentos imediatamente. Pense na questão como a necessidade de manutenção do seu carro: nunca convém esperar que o problema se manifeste para procurar um mecânico.

motivação

Até os praticantes mais motivados sentem-se tentados a deixar a caminhada para amanhã. Na verdade, um dia sem caminhar não prejudica ninguém, mas se sua disposição fraqueja, as orientações a seguir podem ajudá-lo a manter-se envolvido.

Objetivos realistas

Quem estabelece metas irreais tem uma tendência maior a abandonar seus objetivos. Reveja sua meta e certifique-se de que os motivos que influíram na sua definição ainda valem. Se se sentir desmotivado, responda às perguntas ao lado para identificar os motivos.

O que funciona melhor para seu caso?

É importante manter uma rotina diária: se acorda disposto, deve adotar e manter as caminhadas matutinas; se preferir se exercitar no fim do dia, as caminhadas feitas nesse horário aproveitarão melhor seu ritmo natural. Percursos mais longos podem ser reservados para os fins de semana, de acordo com a disponibilidade do praticante, dos amigos e dos familiares.

Pensamento positivo

Depois de sair do conforto de casa, em geral fica mais fácil caminhar pelo tempo planejado. Se não estiver disposto, porém, pensamentos negativos só contribuem para reduzir sua motivação. Os dois pensamentos negativos mais comuns são:

dez dicas para não perder o ritmo

1 Vá a algum lugar novo. Um trajeto desconhecido pode desafiá-lo e paisagens novas em geral ajudam a despertar o interesse.

2 Entre para um grupo de caminhadas. Se não existir nenhum, você pode organizar uma equipe.

3 Elabore seu próprio mapa e veja quanto consegue reproduzir de uma região conhecida. Divirta-se comparando-o com mapas oficiais.

4 Leve um cachorro em suas caminhadas: em geral, cães adoram caminhar.

5 Tire um ou dois dias de descanso. Embora seja importante praticar exercícios com regularidade, não é preciso exercitar-se todos os dias.

- **Hoje estou sem tempo.**

Tirar um tempo e se afastar da rotina recarrega as energias e contribui para encontrar soluções para os problemas.

- **Minhas pernas são curtas/compridas/gordas demais para caminhadas rápidas.**

Não existe corpo perfeito. Por isso, aproveite essa atividade tão natural.

evitar a desmotivação

- **Seus progressos estão ocorrendo com menos velocidade do que gostaria?**
- **Você acha que não vai conseguir atingir seu objetivo?**

Quando estamos envolvidos na melhora da forma física, nem sempre é possível medir os progressos em uma curva ascendente. A tendência é fazer avanços rápidos no início, depois passar por um tempo de estabilidade, em seguida entrar em nova fase de avanços para chegar a outra etapa de estabilidade, e assim por diante. Graças a esse processo, o corpo consegue se adaptar e incorporar as melhoras. Por isso, tenha paciência e procure seguir o programa de treinamento, e assim atingirá seu objetivo.

- **Você sente mais dores?**
- **Sente-se cansado demais?**

As dores ou a sensação de cansaço decorrem de um processo de adaptação à nova rotina. Quando se esforça demais ou emprega muita velocidade, seu organismo não tem tempo de se recuperar e os resultados são fadiga e exaustão. Mesmo quem treina pesado deve intercalar caminhadas longas com jornadas mais leves e dias de descanso. Igualmente importante é verificar se a alimentação e a hidratação estão corretas: um dos sintomas da desidratação é a fadiga, e, se tiver reduzido a ingestão de calorias, pode não estar ingerindo a quantidade ideal de proteínas e de carboidratos para alimentar os músculos.

- **Você está cansado de fazer os mesmos trajetos?**

Todos nós precisamos de rotina em nossas vidas, mas um pouco de variedade ajuda a manter-nos alertas e desafiados. Tente mudar de caminho. Do mesmo modo, se sua caminhada coincide com seu programa favorito na televisão, avalie a possibilidade de mudar o planejamento. A caminhada é importante, do mesmo modo que tirar dias de folga para se dedicar a outras coisas.

6

Inscreva-se em um evento. Os voluntários são sempre bem-vindos e você sempre será lembrado do motivo que o levou a caminhar.

7

Inspire outras pessoas. Contar para os amigos e conhecidos as vantagens da prática reforça sua convicção e estimula os demais.

8

Compre acessórios para caminhada. A "terapia das lojas" pode ajudá-lo a se motivar para as caminhadas.

9

Cultive os pensamentos positivos. Se tiver um pensamento negativo, pense em algo bom como forma de substituição.

10

Estabeleça desafios, mesmo que sejam objetivos fáceis (como abandonar o elevador e usar apenas as escadas em seu trabalho, por exemplo).

2

treinamento

Este capítulo propõe programas de treinamento que variam desde o nível para iniciantes (1) até aquele para quem se prepara para uma maratona (6). O caminho para o sucesso está cercado por orientações. Elas o ajudarão a verificar se está avançando na direção certa e no ritmo correto. Mas não é preciso segui-las à risca e imediatamente: parar para apreciar a paisagem ou desvios na rota são permitidos. Seguir um planejamento tem a vantagem de garantir que atinja seu objetivo e os programas propostos o levarão à meta escolhida. Além disso, chamarão a atenção para aspectos interessantes do percurso, darão explicações sobre os motivos que às vezes justificam um desvio e oferecerão um mapa para quem se perdeu no caminho. Aproveite a caminhada!

programa de treinamento

dicas

1

Para reduzir os riscos de lesão, comece e termine sua caminhada com cinco minutos de desaceleração. Em dias especialmente frios, amplie esse tempo. Depois de terminar a caminhada, nunca deixe de fazer os exercícios de alongamento *(págs. 32-5)*.

2

Siga o programa. O planejamento propõe o aumento progressivo do ritmo, da intensidade e da extensão dos percursos. Se parar por mais de uma semana, recomece do ponto em que interrompeu.

3

Saiba ouvir seu corpo. Se sentir dores e incômodos, provavelmente há um motivo para isso: ou você se excedeu ou forçou alguma parte do corpo. Descansar ajuda, mas é preciso procurar um especialista sempre que um problema perdurar por mais que alguns dias.

4

Alterne o programa. Você precisa de muitas sessões para se fortalecer e aumentar sua resistência. Caminhadas vigorosas devem ser alternadas com dias de total repouso. Se quiser variar ainda mais, recorra a outra atividade, como a natação ou o ciclismo.

Qualquer aumento na atividade melhora a forma física, mas seguir um planejamento contribui para a obtenção de resultados mais rápidos. Combine os programas de treinamento com as dicas do quadro ao lado e terá tudo de que necessita para aplicar a seu programa próprio de treinamento. Em qualquer etapa, observar algumas regras básicas o ajudará a se proteger de lesões e a não se afastar demais da rota proposta. Consulte o capítulo anterior para encontrar os exercícios de alongamento e as técnicas básicas de caminhada.

sessões de treinamento

As sessões de treinamento variam muito e não só com o intuito de manter-se interessado. Cada sessão estimula aspectos distintos da força, da resistência e da velocidade que precisam ser desenvolvidos. Ao se manter sempre o mesmo ritmo, esse progresso não ocorre. As orientações abaixo o ajudarão a compreender quais aspectos estão sendo trabalhados e quais os objetivos.

caminhadas vigorosas

São a base do treinamento. Percursos de 30 a 60 minutos estimulam a força e a resistência. O ritmo mantido nessas caminhadas proporcionará uma boa idéia de sua velocidade para percorrer distâncias maiores quando sua forma física estiver melhor.

velocidade

As sessões que trabalham a velocidade levam ao limite de sua capacidade. Mantenha seu ritmo de caminhada e alterne *sprints* de 30 segundos a 5 minutos, com um período de recuperação de 3 a 5 minutos. Repita de 4 a 10 vezes até conseguir manter o ritmo mais rápido com períodos de recuperação mais curtos.

longas e constantes

Caminhadas com mais de uma hora de duração são oportunidades para manter um ritmo constante. É essencial passar bastante tempo caminhando: sessões mais curtas não substituem esta parte do programa.

percursos íngremes

Descer uma encosta é tão desgastante quanto subir: apenas trabalha músculos distintos e exige menos do coração e dos pulmões. Para estimular sua resistência, varie a inclinação do percurso e procure manter o mesmo ritmo de caminhada adotado nos percursos planos.

oportunidades

Sempre que tiver oportunidade para uma caminhada rápida, em qualquer momento do dia, coloque em prática sua técnica, caminhando firmemente ou reduzindo suas passadas para aumentar o número de passos.

níveis

As páginas seguintes resumem diversos programas desenvolvidos para atingir seu objetivo. Comece no nível condizente à sua forma física. O nível inicial destina-se a pessoas que não praticam atividade esportiva há mais de um ano e cada sessão aumenta a dificuldade em relação à anterior.

Orientação

Os programas foram desenvolvidos para orientar o praticante e não para

1 partindo do zero

págs. 52–55

Este nível destina-se a praticantes que conseguem caminhar 5 minutos sem se esforçar. O primeiro programa inclui 5 dias por semana de caminhadas suaves ou vigorosas, com 20 a 30 minutos de duração.

- Neste nível, o praticante caminha em ritmo vigoroso durante 30 minutos.
- Se fizer uma interrupção superior a um mês, retome esta etapa.

2 iniciante

págs. 56–59

O nível para iniciantes destina-se a praticantes que já fazem caminhadas a ritmos moderados por pelo menos 30 minutos. Use esse programa para:

- percorrer 5 km a ritmo constante
- aumentar o ritmo e as distâncias percorridas

3 nível de adaptação

págs. 60–65

Esta etapa destina-se a praticantes que interromperam o programa ou que conseguem caminhar 4 km em 45 minutos à velocidade de 5,5 km/h pelo menos 4 vezes por semana. Use esse programa para:

- melhorar sua forma física (ciclos de treinamento de 4 semanas)
- fazer uma caminhada de 4 horas de duração, com paradas curtas

escravizá-lo. Estão direcionados para pessoas diferentes, e por isso é importante adequá-los a suas condições. Faça as alterações necessárias para garantir um treinamento constante e evitar lesões. Se tiver dúvidas sobre dores, procure um médico.

o ritmo de cada um

Passe de um nível para outro conforme seu próprio ritmo e, se considerar uma etapa difícil demais, volte à anterior. Apesar de desafiantes, os programas não são provas destinadas a testar seus limites. Por isso, preste atenção às mensagens de seu corpo e de sua mente. Quando se sentir cansado, descanse.

4 nível intermediário

págs. 66–71

Para quem percorre 5 km em menos de 1 hora, 5 vezes por semana. O programa serve de base para se preparar para uma maratona. Também pode ser usado por quem quer:

- melhorar a forma física (ciclo de treinamento de 4 semanas)
- fazer uma caminhada de 18 km em pouco mais de 3 horas, em superfície plana
- participar de um *trekking* com 4 a 5 horas de duração, em terreno irregular
- participar de uma caminhada de 10 km

5 nível superior

págs. 72–79

O programa deve ser adotado por caminhantes experientes ou *trekkers* capazes de caminhar diariamente por 1 hora, à velocidade mínima de 6 km por hora, ou seja, caminhar por volta de 6 km em 1 hora. Destina-se a quem:

- quer melhorar a forma física (ciclos de treinamento de 4 semanas)
- se prepara para uma caminhada de 10 km
- quer participar de um *trekking* com 8 a 9 horas de duração, em terrenos irregulares

6 nível avançado

págs. 80–87

Para praticantes que dedicam ao menos um dia por semana para fazer caminhadas de 2 horas, além de caminhadas de 1 hora em dias alternados à velocidade de 6 km por hora. Use esse programa para:

- melhorar a forma física (ciclos de treinamento de 4 semanas)
- participar de *trekkings* com 1 semana de duração
- treinar para uma maratona

no passo certo

Com a ajuda de um controlador de batimentos cardíacos, é possível obter informes regulares do esforço feito na atividade. No entanto, se você prefere não utilizá-lo, pode aferir seu andamento por meio de uma leitura específica, que serve como orientação para saber se o ritmo adotado está correto.

Para saber qual sua freqüência cardíaca (FC) correta, é preciso estimar sua capacidade máxima. Se for iniciante ou estiver com mais de 20% de sobrepeso, use a fórmula abaixo para chegar a esse indicativo:

214 - (0,8 x idade) para homens
209 - (0,9 x idade) para mulheres

Um homem de 30 anos, por exemplo, pode ter índice de:
0,8 x 30 = 24
214 - 24 = 190

INTENSIDADE	% DE FC DO ICA	PSE (1-20)	TIPO DE ATIVIDADE
Intensidade baixíssima	35–45	2–4	Em pé
Intensidade baixa	45–55	4–5	Passeando, em atividades domésticas
Intensidade média	55–75	6–7	Caminhada vigorosa
Intensidade alta	75-85	8–9	Subindo uma encosta

FC = freqüência cardíaca; ICA = índice cardíaco ativo; PSE = percepção subjetiva de esforço
(Nota: o PSE constitui um modo totalmente subjetivo de avaliar como o praticante se sente)

como você irá se sentir?

- Ao fazer um exercício de baixa intensidade, o praticante sente-se aquecido após meia hora de atividade. Use esse período como aquecimento ou como a parte fácil do treinamento.

- Em exercícios de intensidade moderada, em ritmo vigoroso e estável, sente-se aquecido após 5 minutos e começa a respirar mais rápido.

- Exercícios de alta intensidade fazem sentir calor, suar e respirar profunda e rapidamente. É assim quando se trabalham velocidade ou inclinação.

- Em caminhadas longas, aumente o ritmo gradualmente, mesmo que sua forma física permita mais. Oriente-se pelos indicadores do PSE, com períodos ocasionais de atividade entre 8 e 9. Sentirá mais facilidade conforme entra em forma, e seu ritmo cardíaco irá se elevar menos ao fazer o mesmo esforço.

- Para seu conforto e saúde, procure manter sua atividade entre os níveis 6 e 8 (55% e 75% do ICA) por pelo menos meia hora por dia e durante a maior parte de suas caminhadas mais longas. Se você se sentir muito cansado ou notar dores dois dias após o exercício, está forçando demais.

rapidez e velocidade

Pode-se imaginar que não haja uma técnica especial para caminhar mais rápido. No entanto, existem sessões específicas, desenvolvidas para aumentar a velocidade, chamadas de sessões de repetição ou de intervalo. Ao permitir um período de recuperação entre cada "intervalo", consegue-se manter um ritmo mais rápido que o normal e ainda fortalecer a resistência. E basta uma sessão por semana para transformar ritmo moderado em ritmo de velocidade constante.

Mas, antes de pensar em acelerar a velocidade, é preciso estar apto para caminhar em ritmo vigoroso durante 30 minutos sem perder o fôlego. A primeira sessão de intervalo parecerá difícil, mas não desanime: é assim mesmo. Em pouco tempo estará acostumado e seu ritmo normal parecerá bem mais fácil.

tipos de intervalo

A definição de exercício de intervalo é simples: períodos de alta intensidade intercalados com repouso e etapas de recuperação. Não é preciso pautar tudo pela velocidade: podem-se fazer intervalos cronometrados ou trabalhar simplesmente em intensidade maior durante uma parte das caminhadas normais. Se caminha sobre terrenos íngremes, a subida pode parecer intensa, mas a descida, embora também exija esforço dos músculos das pernas, é uma oportunidade de recuperar o fôlego. Subidas ou pequenos aumentos de velocidade, assim como explosões mais longas, funcionam para aperfeiçoar a resistência. Para trabalhar a velocidade, dedique-se a pequenas arrancadas e períodos longos de recuperação; e para desenvolver a resistência e a velocidade priorize períodos mais extensos de explosão

(de 5 a 10 minutos) com menos tempo para recuperação (1 a 2 minutos). Determine locais, como uma esquina específica, por exemplo, para fazer suas pausas ou usá-los como referência para o início ou o fim do período de descanso.

caminhadas organizadas

As regras para as caminhadas organizadas são claras: um dos pés precisa estar em contato com o chão, o que impede os participantes de correr. No entanto, pode-se obter uma velocidade maior por meio do movimento do quadril. Embora isso possa parecer um pouco estranho para não-iniciados, a velocidade que os caminhantes experientes atingem com esta prática é notável, às vezes se igualando ao ritmo de deslocamento de um atleta.

qual a dificuldade?

Depois de atingir um nível confortável de condicionamento e de conseguir caminhar em ritmo constante sem perder o fôlego, um intervalo o preparará para um esforço maior, com reflexos na respiração e no nível de aquecimento. Deve-se fazer a recuperação no prazo determinado e sentir que faz o mesmo esforço adicional para todos os intervalos. Esse método vai melhorar sua forma física com mais rapidez do que apenas as caminhadas vigorosas e ensinará a manter a técnica depois que acertar o passo.

1

nível 1: partindo do zero

é fácil demais?

Se sempre praticou alguma atividade, mesmo que sem muito rigor, seu corpo se adaptará bem ao programa, o que pode levá-lo a querer mudar a programação mais rapidamente. No entanto, o tempo para adaptação é necessário. Procure ampliar o tempo dedicado às caminhadas em vez de acelerar demais nessa fase inicial. Veja as dicas de segurança para aumentar o ritmo caso sua forma física esteja melhor do que o estimado.

O nível 1 é o indicado para todos os que iniciam a prática do *power walking*. No período em que trabalhar nesse programa, conseguirá caminhar 30 minutos de modo constante sem perder o fôlego. Já terá começado a sentir a satisfação e os benefícios das caminhadas regulares e terá consciência do que é capaz de fazer.

Se começar o programa e achar o estágio inicial fácil demais, pode saltar as primeiras semanas e acelerar essa etapa. Mas não deixe que o entusiasmo fale mais alto e avance demais, pois, independentemente da facilidade que encontrar, seu corpo precisa se adaptar à prática regular de exercícios. Partes do corpo consomem tempos distintos para se ajustar a novas demandas. Os iniciantes tendem a sofrer mais lesões porque deixam o entusiasmo superar as habilidades. As articulações são particularmente sensíveis a lesões durante a fase inicial de um programa: muitas vezes, o praticante só percebe que exagerou no dia seguinte. Construções consistentes são erguidas sobre fundações sólidas. Este programa oferece os materiais para a construção dessas bases de modo a permitir a prática agradável e regular de caminhadas por toda a vida.

desafios novos

Quando caminhar 3 km em 30 minutos de modo constante,

nível 1 - programa

Para manter a segurança e a simplicidade, faça as mesmas sessões ao longo de cada semana. O ideal é fazer de 3 a 4 sessões por semana, deixando um dia para descanso. Use esse período para pôr em prática o que aprendeu no primeiro capítulo deste livro. Concentre-se na respiração: respire de modo profundo e regular, expandindo o abdome e o peito. Esteja atento às técnicas de caminhada e observe quais aspectos requerem atenção maior (por exemplo, se você anda arqueado, contraído ou com o corpo inclinado).

Este também é o momento para treinar o uso dos equipamentos que comprou. Se avançar no programa de modo gradual, seus músculos irão se enrijecer, mas sem manifestar exaustão. Desde o início, acostume-se a fazer os alongamentos, para que se torne um hábito. Os músculos pouco exercitados podem reclamar um pouco, mas o normal é que essas dores desapareçam depois de uma semana ou duas. Caso isso não ocorra, consulte um médico para certificar-se de que não há nenhum problema mais sério.

reserve as semanas seguintes para aumentar o número de caminhadas. Quando andar de modo vigoroso por 30 minutos 3 vezes por semana, estará pronto para passar para o nível 2.

Se consegue fazer 2 caminhadas de 15 minutos por dia, tente acrescentar 1 minuto de cada vez até chegar a 20. Comece na semana 5 ou, se achar demais, volte uma semana.

semana 1
Caminhe vigorosamente por 1 minuto e devagar por 1 minuto. Repita 10 vezes.

semana 2
Caminhe vigorosamente por 3 minutos e devagar por 1 minuto. Repita 7 vezes.

semana 3
Caminhe vigorosamente por 5 minutos e devagar por 1 minuto. Repita 5 vezes.

semana 4
Caminhe vigorosamente por 8 minutos e devagar por 2 minutos. Repita 3 vezes.

semana 5
Caminhe vigorosamente por 6 minutos e devagar por 1 minuto
Depois caminhe vigorosamente por 10 minutos e mais lentamente por 2 minutos.

semana 6
Caminhe vigorosamente por 10 minutos e devagar por 1 minuto. Repita 3 vezes.

semana 3 – como está seu progresso?

Você consegue caminhar e falar ao mesmo tempo? Os períodos de ritmo mais lento bastam para que seu corpo se recupere? Caso positivo, você está apto a passar para a semana 4. Se a resposta a alguma dessas perguntas for negativa, veja as instruções da pág. 54. Caso queira adotar uma velocidade maior ou caminhar por mais tempo sem se cansar, passe para a semana 7.

semana 6 – como está seu progresso?

Você se sente sem fôlego depois de dez minutos de caminhada constante? Caso positivo, volte para o programa das semanas 4 ou 5 (a que lhe parecer mais confortável). Se se sentir apto a seguir em frente, avance até a semana 8, mas não "pule" mais semanas. Lembre-se de que o processo de adaptação é essencial para evitar lesões e por isso vale a pena segui-lo corretamente.

1 nível 1: partindo do zero

difícil demais!

O índice de desistência entre pessoas que começam a se dedicar a uma nova atividade esportiva chega a 50%. Isso ocorre porque, além das expectativas exageradas, às vezes a dificuldade encontrada parece grande demais. E, é claro, qualquer início será difícil se o corpo não estiver preparado.

Caminhantes experientes não exageram e por isso estão menos sujeitos a lesões. Eles evoluíram de modo lento e estável no treinamento, até caminharem sobre qualquer superfície em qualquer época do ano.

Talvez tenha partido da idéia de que caminhar seria algo fácil e agora se preocupa, achando que a dificuldade decorre de sua falta de forma. Mas, se tem certeza de que caminhar é o melhor exercício, por que parece tão difícil? Praticar *power walking* não se limita a caminhar do estacionamento até as lojas: exige resistência e velocidade, características que devem ser adquiridas aos poucos. Seu corpo tem capacidade para isso. Se a dificuldade for maior do que a expectativa, relembre os motivos que o levaram a escolher a caminhada, pense no tempo dedicado a atingir seus objetivos e lembre-se de que as boas coisas da vida requerem tempo.

semana 7

Caminhe vigorosamente por 12 minutos e devagar por 2 minutos. Em seguida, caminhe vigorosamente por 15 minutos e mais lentamente por 2 minutos.

semana 8

Caminhe vigorosamente por 14 minutos e devagar por 1 minuto. Em seguida, caminhe vigorosamente por 17 minutos e mais lentamente por 2 minutos.

semana 9

Caminhe vigorosamente por 16 minutos e devagar por 1 minuto. Em seguida, caminhe vigorosamente por 20 minutos e mais lentamente por 2 minutos.

semana 9 — como está seu progresso?

Você está achando tudo fácil demais e está impaciente para caminhar sem fazer intervalos? Caso não sinta nenhuma dor, incômodo nem falta de fôlego, siga em frente. Se tiver dúvidas, faça um descanso extra após o segundo dia da semana 10 e veja como se sente. Nas caminhadas de 30 minutos, há sempre a possibilidade de reduzir o ritmo adotando um passo mais lento a cada 10 minutos.

Permaneça na primeira ou segunda semana até se sentir confortável com o ritmo. Se seu objetivo for perder peso, as caminhadas contribuirão também para que entre em forma e adquira velocidade em menor tempo.

Passe para a semana seguinte quando sentir que está pronto, ou seja, quando sua respiração estiver confortável e não sentir dores no dia seguinte. Releia as dicas para manter a motivação em alta e não desista.

Com mais velocidade

Sentir-se confortável e sem dores nas articulações é sinal de que está apto a cumprir esta programação em 7 ou 8 semanas em vez de 10. É possível saltar a terceira ou a quarta semana, mas retroceda se achar que o salto foi inadequado e nunca force seus limites. Outra opção é aumentar o número de sessões semanais, mas sem se esquecer de reservar pelo menos um dia por semana para descansar.

dores?

Carregar bolsa ou mochila pesada em um dos braços, curvar os ombros ou inclinar a cabeça ao caminhar pode causar dores. Para evitá-las, leve apenas o necessário e distribua o peso nos dois ombros. Também esteja atento às técnicas de caminhada *(págs. 36-7)* e tente manter a parte superior de seu corpo sempre relaxada.

semana 10

PROGRAMA DIÁRIO	
DIA 1	Caminhe vigorosamente por 10 minutos e devagar por 1 minuto. Em seguida, caminhe vigorosamente por 22 minutos e devagar por 2 minutos.
DIA 2	Caminhe vigorosamente por 10 minutos, devagar por 10 minutos e suavemente por 5 minutos.
DIA 3	Caminhe vigorosamente por 10 minutos, devagar por 2 minutos e vigorosamente por 25 minutos.
DIA 4	Descanse.
DIA 5	Caminhe vigorosamente por 15 minutos e devagar por 1 minuto.
DIA 6	Caminhe vigorosamente por 10 minutos e devagar por 5 minutos. Em seguida, caminhe vigorosamente por 10 minutos e suavemente por 5 minutos.
DIA 7	Caminhe vigorosamente por 30 minutos.

2

nível 2: iniciante

4 semanas, que podem ser repetidas

O nível 2, a ser repetido por quatro semanas, destina-se a praticantes que apreciam as caminhadas e conseguem caminhar a um passo moderado por pelo menos 30 minutos por dia. Esta programação consiste em um programa de boa forma e caminhadas constantes com 5 km de percurso. Se você divide sua caminhada de 30 minutos durante o dia, a medida o ajudará a se preparar para sessões mais longas.

nível 2 – boa forma

Se seu objetivo for participar de um evento de curta ou longa distância ou fazer parte de um *trekking* no campo, é preciso contar com um nível básico de condicionamento. Tudo o que se almeja agora é caminhar com regularidade e fazer deste um hábito constante, e qualquer ganho de resistência será uma forma de "bônus".

SEMANA	SEGUNDA	TERÇA
1	descanso	10 minutos a PSE 5; 3 x 1 minuto a PSE 8 com 2 minutos de recuperação a PSE 4-5; 10 minutos a PSE 6-7
CICLO 2		repita 1 vez
2	descanso	10 minutos devagar a PSE 5; 15 minutos a ritmo variado; 10 minutos a PSE 6-7
CICLO 2		acrescente 5 minutos
3	descanso	10 minutos devagar a PSE 5; 4 x 0,5 minuto a PSE 8 com 2,5 minutos de recuperação a PSE PSE4-5; 10 minutos a PSE 6-7
CICLO 2		acrescente 30 segundos ao repetir
4	descanso	10 minutos constantes a PSE 6; 2 x 4 minutos a PSE 8 com 4 minutos de recuperação a PSE 4-5; 4 minutos a PSE 7
CICLO 2		acrescente 1 minuto ao repetir

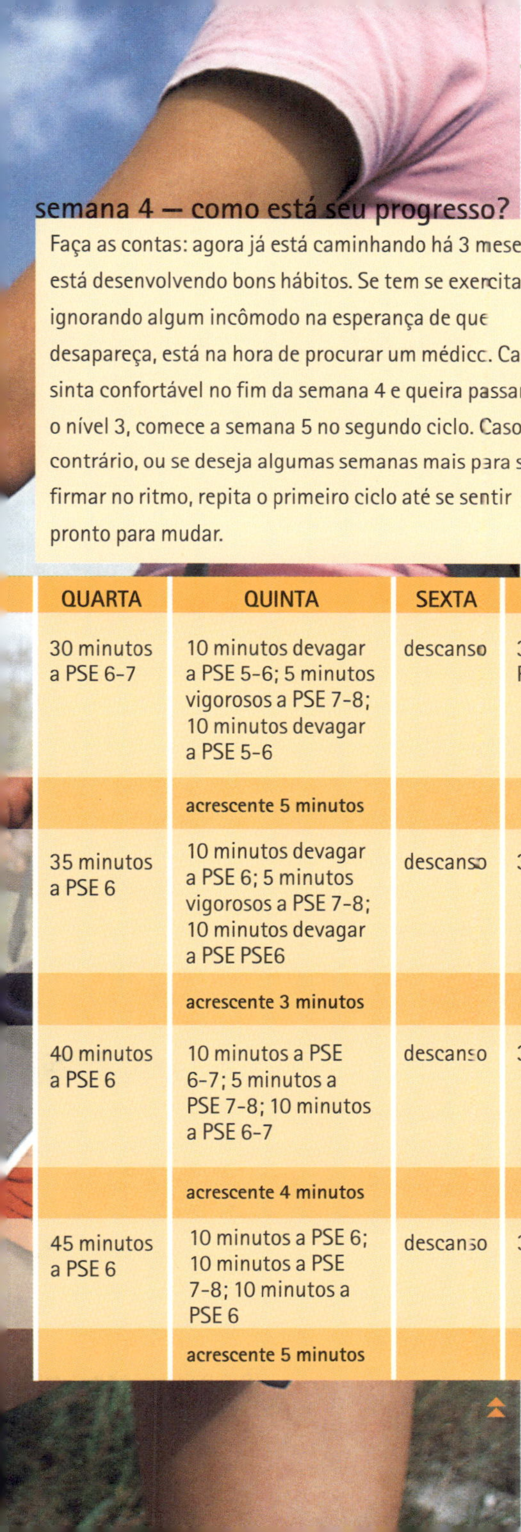

semana 4 — como está seu progresso?

Faça as contas: agora já está caminhando há 3 meses e está desenvolvendo bons hábitos. Se tem se exercitado ignorando algum incômodo na esperança de que desapareça, está na hora de procurar um médico. Caso se sinta confortável no fim da semana 4 e queira passar para o nível 3, comece a semana 5 no segundo ciclo. Caso contrário, ou se deseja algumas semanas mais para se firmar no ritmo, repita o primeiro ciclo até se sentir pronto para mudar.

taxa de esforço

Cada sessão é indicada por:

- ritmo aproximado: devagar, vigoroso ou rápido
- tipo de treinamento: constante, inclinado, longo ou intervalado
- dificuldade do exercício: apontada pela PSE *(veja págs. 48-9)*

QUARTA	QUINTA	SEXTA	SÁBADO	DOMINGO
30 minutos a PSE 6-7	10 minutos devagar a PSE 5-6; 5 minutos vigorosos a PSE 7-8; 10 minutos devagar a PSE 5-6	descanso	30 minutos a PSE 6-7	35 minutos constantes a PSE 6-7
	acrescente 5 minutos			acrescente 10 minutos
35 minutos a PSE 6	10 minutos devagar a PSE 6; 5 minutos vigorosos a PSE 7-8; 10 minutos devagar a PSE PSE6	descanso	35 minutos a PSE 6	45 minutos constantes a PSE 6-7
	acrescente 3 minutos			acrescente 10 minutos
40 minutos a PSE 6	10 minutos a PSE 6-7; 5 minutos a PSE 7-8; 10 minutos a PSE 6-7	descanso	35 minutos a PSE 6	50 minutos constantes a PSE 6-7
	acrescente 4 minutos			acrescente 15 minutos
45 minutos a PSE 6	10 minutos a PSE 6; 10 minutos a PSE 7-8; 10 minutos a PSE 6	descanso	35 minutos a PSE 6	1 hora constante a PSE 6-7
	acrescente 5 minutos			acrescente 15 minutos

como está seu progresso?

2 nível 2: iniciante (5 km)

Você deve estar apto a caminhar a um ritmo vigoroso por trinta minutos seguidos, pelo menos três vezes por semana.

semana 3 — como está seu progresso?

Você pode ter uma idéia do tempo necessário para percorrer 5 km por estimativa:

KM/H	MIN POR KM	5 KM
5	11	55 min
5,5	10	52 min
6	9	48 min
6,5	8	45 min
6,8	7	43 min
7,2	6	40 min
8	5	37 min

Se planeja fazer seu primeiro 1h percurso de 5 km, faltam apenas duas semanas para o preparo completo. Caso você ainda não se sinta pronto, dedique mais uma semana ou duas neste nível.

SEMANA	SEGUNDA	TERÇA
1	descanso	10 minutos constantes a PSE 6-7; 4 x 1 minuto a PSE 9 com 2 minutos de recuperação a PSE 4-5; 10 minutos a PSE 6-7
2	descanso	10 minutos a PSE 6-7; 3 x 4 minutos a PSE 8 com 3 minutos de recuperação a PSE 4-5; 4 minutos a PSE 7
3	descanso	10 minutos a PSE 6-7; 4 x 2 minutos a PSE 8 com 2,5 minutos de recuperação a PSE 4-5; 10 minutos a PSE 6-7
4	descanso	10 minutos a PSE 6-7; 5 x 1 minuto a PSE 8 com 2 minutos de recuperação a PSE 4-5; 10 minutos a PSE 6-7
5	descanso	10 minutos a PSE 6-7; 20 minutos em ritmo variado; 10 minutos a PSE 6-7
6	descanso	10 minutos a PSE 6-7; 5 x 11/2 minutos a PSE 8 com 2,5 minutos de recuperação a PSE 4-5; 10 minutos a PSE 6-7

QUARTA	QUINTA	SEXTA	SÁBADO	DOMINGO
30 minutos devagar a PSE 5-6	10 minutos a PSE 6-7; 10 minutos de velocidade ou inclinação a PSE 8; 10 minutos a PSE 6-7	descanso	40 minutos a PSE 6	55 minutos constantes a PSE 6-7
30 minutos a PSE 6	10 minutos a PSE 6; 15 minutos de velocidade ou inclinação a PSE 8; 10 minutos a PSE 6	descanso	40 minutos a PSE 6	1 hora constante a PSE 6-7
30 minutos a PSE 6-7	10 minutos a PSE 6-7; 15 minutos de velocidade ou inclinação a PSE 8; 10 minutos a PSE 6-7	descanso	40 minutos constantes a PSE 6-7	1 hora constante a PSE 7

como está seu progresso?

QUARTA	QUINTA	SEXTA	SÁBADO	DOMINGO
30 minutos a PSE 7	10 minutos a PSE 6; pare e alongue; em seguida percorra 1,5 km a PSE 6	descanso	40 minutos constantes a PSE 7	1 hora constante a PSE 7-8
30 minutos a PSE 7-8	10 minutos a PSE 6-7; 20 minutos de inclinação a PSE 8; 10 minutos a PSE 6-7	descanso	30 minutos constantes a PSE 7	45 minutos devagar a PSE 6
descanso	10 minutos a PSE 6-7; 25 minutos de inclinação a PSE 8; 10 minutos a PSE 6-7	descanso	30 minutos devagar a PSE 6-7	5 km

3

nível 3: adaptação

4 semanas, que podem ser repetidas

O nível 3 destina-se aos que interromperam o programa ou que já caminham 15 km por semana. Deve ser usado para melhorar a forma física (por meio de ciclos de 4 semanas); percorrer um trajeto de 10 km em estilo livre ou fazer *trekking* com 2 a 3 horas de duração, com paradas curtas. O nível de dificuldade se intensifica a partir daqui. Suas condições de lidar com essa mudança serão melhores se manteve os níveis anteriores e criou uma base sólida. Retroceda se julgar necessário: assim pode evitar lesões.

Inclinação: precauções

Para subir, encare as encostas como uma escadaria e dê passos pequenos,

nível 3 – boa forma

Você deve caminhar por 45 minutos a 5,5 km/h, 4 dias por semana antes de iniciar esse nível de treinamento. Esse programa vai deixá-lo em forma para iniciar o treino para eventos, mas você pode repeti-lo até que se sinta confortável para seguir em frente. Modifique o programa se a data exata de início não lhe for favorável por causa de trabalho, de algum compromisso ou porque está cansado depois da última fase. Tente não ficar parado por mais de 2 dias e lembre-se de que um ciclo mais lento e curto é melhor que nada.

SEMANA	SEGUNDA	TERÇA
1	descanso	10 minutos devagar a PSE 5; 3 x 2 minutos a PSE 8 com 2 minutos de recuperação a PSE 4-5; 10 minutos a PSE 6-7
CICLO 2		acrescente 1 ao repetir
2	descanso	10 minutos constantes a PSE 6; 20 minutos a ritmo variado; 10 minutos a PSE 6-7
CICLO 2		acrescente 5 minutos
3	descanso	10 minutos devagar a PSE 5; 4 x 2 minutos a PSE 8 com 2 minutos de recuperação a PSE 4-5; 10 minutos a PSE 6-7
CICLO 2		acrescente 1 ao repetir
4	descanso	10 minutos constantes a PSE 6; 2 x 5 minutos a PSE 8 com 3 minutos de recuperação a PSE 4-5; 4 minutos a PSE 7
CICLO 2		acrescente 1 ao repetir

erguendo os joelhos como se subisse degraus. Firme bem o pé antes de transferir o peso do corpo para ele. Incline-se para a frente com suavidade.

Para descer, não exagere na velocidade. Ande em ziguezague e incline-se suavemente para trás.

Bastões e cajados ajudam a conferir estabilidade em terrenos irregulares. Certifique-se de que está adequado para sua altura.

semana 4 — como está seu progresso?

Você se sente bem? Ótimo. Mas lembre-se de que ainda está na fase de aperfeiçoar sua forma física com caminhadas mais curtas e lentas como forma de recuperação das sessões mais intensas. Por isso, tenha paciência: não se pode extenuar o corpo. Se precisa de mais de um dia para se recuperar, não force nem ignore nenhuma dor persistente. Ao final de 4 semanas, estará pronto para iniciar o segundo ciclo, se não tiver tido nenhum problema, ou pode repetir este ciclo quanto quiser. O nível 4 é a próxima etapa para quem se prepara para uma corrida ou para percorrer distâncias maiores.

QUARTA	QUINTA	SEXTA	SÁBADO	DOMINGO
35 minutos a PSE 6-7	10 minutos devagar a PSE 5-6; 5 minutos vigorosos a PSE 7-8; 10 minutos devagar a PSE 5-6	descanso ou 30 minutos devagar	30 minutos a PSE 6-7	35-45 minutos constantes a PSE 6-7
	acrescente 5 minutos			acrescente 10 minutos
35 minutos a PSE 6	10 minutos devagar a PSE 6; 5 minutos vigorosos a PSE 7-8; 10 minutos devagar a PSE 6	descanso ou 30 minutos devagar	35 minutos a PSE 6	45-55 minutos constantes a PSE 6-7
	acrescente 5 minutos			acrescente 10 minutos
35 minutos a PSE 6	10 minutos a PSE 6-7; 5 minutos a PSE 7-8; 10 minutos a PSE 6-7	descanso ou 30 minutos devagar	35 minutos a PSE 6	50-60 minutos constantes a PSE 6-7
	acrescente 5 minutos			acrescente 15 minutos
35 minutos a PSE 6	10 minutos a PSE 6; 10 minutos a PSE 7-8; 10 minutos a PSE 6	descanso	35 minutos a PSE 6	1 hora a 1h10 constantes a PSE 6-7
	acrescente 5 minutos			acrescente 15 minutos

3

nível 3: adaptação (10 km)

É preciso estar apto a caminhar 24 quilômetros por 4 ou 5 dias antes de tentar seguir este programa. A taxa de esforço percebido (PSE), em uma escala de 0 a 10, está indicada em cada caso.

SEMANA	SEGUNDA	TERÇA
1	30 minutos a PSE 6-7 ou descanso	20 minutos a PSE 6-7; 4 x 2 minutos a PSE 8-9 com 2 minutos de recuperação a PSE 4-5; 20 minutos a PSE 6-7
2	30 minutos a PSE 6-7 ou descanso	20 minutos a PSE 6-7, 4 x 3 minutos a PSE 8-9 com 2,5 minutos de recuperação a PSE 4-5; 20 minutos a PSE 6-7
3	30 minutos a PSE 6-7 ou descanso	10 minutos a PSE 6; pare e alongue, em seguida 5 minutos a PSE 6
4	30 minutos a PSE 6-7 ou descanso	20 minutos a PSE 6-7; 6 x 2 minutos a PSE 8-9 com 2 minutos de recuperação a PSE 4-5; 20 minutos a PSE 6-7
5	30 minutos a PSE 7 ou descanso	20 minutos a PSE 6-7; 5 x 3 minutos a PSE 8-9 com 2 1/2 minutos de recuperação a PSE 4-5; 20 minutos a PSE 6-7
6	30 minutos a PSE 7 ou descanso	45 minutos a PSE 7
7	30 minutos a PSE 7	45 minutos a PSE 7-8
8	descanso	treinamento alternado 30-60 minutos

semana 3 — como está seu progresso?

É possível mensurar o tempo necessário para percorrer 10 km por estimativa:

KM/H	MIN POR KM	10 KM
5	11	1h51
5,5	10	1h45
6	9	1h39
6,5	8	1h33
6,8	7	1h26
7,2	6	1h20
8	5	1h14

É provável que agora você já tenha identificado seu ritmo natural. Se consegue caminhar a uma velocidade superior a 6,5 km por hora, ou seja, caminha 10 km em pouco mais de 1 hora e meia, pode achar pouco desafiantes algumas das distâncias propostas e, nesse caso, talvez queira avançar para o nível 4 rapidamente. Mas lembre-se de que seu corpo precisa de tempo para se adaptar: caminhar mais rápido não significa que sua forma física esteja apta para percorrer longas distâncias.

semana 6 — como está seu progresso?

Mantenha o ritmo: você deve estar notando a diferença de sua forma física e acertando o passo assim que cruza a porta de casa. Se acontecer de em uma determinada semana seu condicionamento estagnar e você não notar melhoras na forma física, não se preocupe: os avanços nem sempre são visíveis, pois o corpo se adapta constantemente.

QUARTA	QUINTA	SEXTA	SÁBADO	DOMINGO
3 km a PSE 6-7	10 minutos a PSE 5-6; 20 minutos de inclinação a PSE 7-8; 10 minutos a PSE 5-6	descanso	3 km a PSE 6-7	6 km
3 km a PSE 7-8	20 minutos a PSE 6; 8 x 1 minuto de subida a PSE 8-9 e recuperações equivalentes na descida; 20 minutos a PSE 6	descanso	treinamento alternado 30-60 minutos	6,5 km
4 km a PSE 6-7	10 minutos a PSE 5-6; 30 minutos de inclinação para cima e para baixo a PSE 7-8; 10 minutos a PSE 5-6	descanso	5 km a PSE 7	7 km

« como está seu progresso?

QUARTA	QUINTA	SEXTA	SÁBADO	DOMINGO
4 km a PSE 7-8	20 minutos a PSE 6; 10 x 1 minuto de subida a PSE 8-9 e recuperações equivalentes na descida, 20 minutos a PSE 6	descanso	6 km a PSE 6-7	8 km
5 km a PSE 6-7	10 minutos a PSE 5-6; 40 minutos de inclinação a PSE 7-8; 10 minutos a PSE 5-6	descanso	treinamento alternado 30-60 minutos	8,5 km
5 km a PSE 7	20 minutos a PSE 6; 12 x 1 minuto de subida a PSE 8-9 e recuperações equivalentes na descida; 20 minutos a PSE 6	descanso	6 km a PSE 7	10 km

▲ como está seu progresso?

QUARTA	QUINTA	SEXTA	SÁBADO	DOMINGO
5 km a PSE 7-8	20 minutos a PSE 6; 8 x 2 minutos de subida a PSE 9 e recuperações equivalentes na descida; 20 minutos a PSE 6	descanso	6,5 km a PSE 6-7	6,5 km
6 km a PSE 6-7	descanso ou 30 minutos devagar	descanso	3 km a PSE 6	10 km em menos de 2 horas

3

nível 3: adaptação (3 horas)

Siga a programação abaixo por seis semanas e veja se consegue completar um percurso de meio dia em 3 horas. Ao sair da trilha, tome cuidado.

sem se perder nem se desesperar

O segredo para cumprir este programa é estar acostumado a seguir o mapa ou as indicações de percurso. É preciso ter confiança de que está no caminho correto (a distância entre as indicações pode parecer imensa) e observar os sinais de que o trajeto está correto. Se errar, você poderá tentar encontrar outro caminho ou ter de voltar. Não esqueça de levar uma bússola, para o caso de se perder.

Para não se perder:

- faça o trajeto com alguém que conhece bem o caminho
- siga uma rota marcada
- mantenha-se em percursos conhecidos e freqüentados por outros praticantes
- use mapa e bússola

Caso se perca, não se desespere. Tente identificar sua localização por meio de marcas que apareçam em seu mapa. Telefone e informe alguém de que o percurso poderá demorar acima do previsto e decida se prefere procurar um caminho alternativo ou voltar para trás. Se for escurecer antes de voltar, tome mais cuidado e escolha a rota de retorno mais curta.

SEMANA	SEGUNDA	TERÇA	QUARTA
1	descanso	3 km a PSE 7 (cronometrado)	percurso *off-road* em terrenos diversos, 30 minutos a PSE 6
2	descanso	treinamento alternado 30-60 minutos	percurso *off-road* em terrenos diversos, 30 minutos a PSE 6-7
3	descanso	3 km a PSE 7 (cronometrado)	percurso *off-road* em terrenos diversos, 30 minutos a PSE 7
4	descanso	treinamento alternado 30-60 minutos	percurso *off-road* em terrenos diversos, 45 minutos a PSE 6
5	descanso	3 km a PSE 7	percurso *off-road* em terrenos diversos, 45 minutos a PSE 6-7
6	descanso	Treinamento alternado 30-60 minutos	20 minutos a PSE 6; 12 x 1 minuto de subida a PSE 8-9 e recuperações na descida; 20 minutos a PSE 6

semana 3 — como está seu progresso?

Tente seguir este programa. Ele exige bastante do praticante, mas permite estabelecer bases sólidas para passar para o estágio seguinte. No entanto, só avance se se sentir realmente preparado.

QUINTA	SEXTA	SÁBADO	DOMINGO
sobre a grama ou em estradas, 45 minutos a PSE 6	10 minutos a PSE 5-6; 20 minutos de inclinação a PSE 7-8; 10 minutos a PSE 5-6	30 minutos a PSE 6-7	1 hora de caminhada
sobre a grama ou em estradas, 45 minutos a PSE 6-7	20 minutos a PSE 6; 8 x 1 minuto de subida íngreme a PSE 8-9 e recuperações na descida; 20 minutos a PSE 6	30 minutos a PSE 7	1h15 sobre terreno não pavimentado e inclinado
sobre a grama ou em estradas, 50 minutos a PSE 6-7	10 minutos a PSE 5-6; 30 minutos de inclinação a PSE 7-8; 10 minutos a PSE 5-6	30 minutos a PSE 7-8	1h30 de caminhada

como está seu progresso?

QUINTA	SEXTA	SÁBADO	DOMINGO
sobre a grama ou em estradas, 55 minutos a PSE 6-7	20 minutos a PSE 6; 10 minutos de subida íngreme a REP 8-9 e recuperações na descida, 20 minutos a PSE 6	45 minutos a PSE 6-7	2 horas de caminhada com paradas curtas
sobre a grama ou em estradas, 1 hora a PSE 6	10 minutos a PSE 5-6; 40 minutos de inclinação a PSE 7-8; 10 minutos a PSE 5-6	45 minutos a PSE 7	1h30 hora de caminhada
descanso	*off-road* em terrenos diversos; 45 minutos a PSE 7	descanso	**percurso de meio dia** (15 a 20 km)

4 nível 4: intermediário

Este nível é para quem caminha 4 dias por semana, a 5 km/h, percorrendo de 25 a 30 km semanalmente. O trajeto de 5 km deve ser feito sem dificuldade em menos de 1 hora. O objetivo é aumentar o tempo de caminhadas, bom começo para quem treina para uma maratona. Inclui um programa para a forma física, para caminhadas com mais de 15 km em superfícies planas, a velocidade de 5 km/h, em cerca de 3 horas, para caminhadas organizadas com 10 km e para percursos com 5 a 7 horas de duração sobre superfícies não pavimentadas.

Se vem cumprindo todos os níveis, estará bem preparado para começar

guia de intervalo (velocidade)

Independentemente da velocidade que você consegue atingir, é preciso mais do que pernas para percorrer qualquer distância. A resistência do coração, dos pulmões e da parte superior do tronco também determina o ritmo. Em distâncias superiores a 8 km, o praticante deve dedicar pelo menos cinco minutos em cada quilômetro para caminhar em velocidade (intervalos) ou na encosta de colinas.

SEMANA	SEGUNDA	TERÇA
1	descanso	10 minutos devagar a PSE 5; 5 x 2 minutos a PSE 8 com 2 minutos de recuperação a PSE 4-5; 10 minutos a PSE 6-7
CICLO 2		**acrescente 1 ao repetir**
2	descanso	10 minutos constantes a PSE 6; 30 minutos a ritmo variado; 10 minutos a PSE 6-7
CICLO 2		**acrescente 5 minutos**
3	descanso	10 minutos devagar a PSE 5; 6 x 2 minutos a PSE 8 com 2 minutos de recuperação a PSE 4-5; 10 minutos a PSE 6-7
CICLO 2		**acrescente 1 ao repetir**
4	descanso	10 minutos constantes a PSE 6; 3 x 5 minutos a PSE 8 com 3 minutos de recuperação a PSE 4-5; 4 minutos a PSE 7
CICLO 2		**acrescente 1 ao repetir**

esse programa. Mas se seu percurso habitual for de apenas 25 km, então se dedique aos programas de aperfeiçoamento da forma física por mais 4 semanas antes de fazer parte de eventos. Você pode acrescentar as variações no segundo ciclo conforme começa a se preparar para as competições.

semana 4 – como está seu progresso?

Se chegou até aqui é porque tem treinado bem e por isso merece parabéns. Mas, se tem se sentido cansado o resto do dia após uma caminhada ou percebe dores constantes, talvez precise reduzir um pouco o ritmo. Substitua as caminhadas mais longas ou árduas por um dia mais leve ou simplesmente descanse. Seu objetivo é atingir um programa regular de treinamento e melhorar sua forma física com caminhadas menores ou mais lentas enquanto se recupera de treinos mais intensos. No fim da semana 4 estará pronto para começar o segundo ciclo, desde que não tenha manifestado problemas, mas pode repetir este ciclo pelo tempo que julgar necessário. Só passe para o nível 5 quando se sentir preparado.

QUARTA	QUINTA	SEXTA	SÁBADO	DOMINGO
35 minutos a PSE 6-7	10 minutos devagar a PSE 5-6; 15 minutos vigorosos a PSE 7-8; 10 minutos devagar a PSE 5-6	descanso ou 30 minutos devagar	30 minutos a PSE 6-7	30-45 minutos constantes a PSE 6-7
	acrescente 5 minutos			**acrescente 10 minutos**
35 minutos a PSE 6	10 minutos devagar a PSE 6; 15 minutos vigorosos a PSE 7-8; 10 minutos devagar a PSE 6	descanso ou 30 minutos devagar	40 minutos a PSE 6	45-60 minutos constantes a PSE 6-7
	acrescente 5 minutos			**acrescente 15 minutos**
35 minutos a PSE 6	10 minutos a PSE 6-7; 20 minutos a PSE 7-8; 10 minutos a PSE 6-7	descanso ou 30 minutos devagar	40 minutos a PSE 6	50-70 minutos constantes a PSE 6-7
	acrescente 5 minutos			**acrescente 15 minutos**
35 minutos a PSE 6	10 minutos a PSE 6; 20 minutos a PSE 7-8 10 minutos a PSE 6	descanso	40 minutos a PSE 6	60-90 minutos constantes a PSE 6-7
	acrescente 5 minutos			**acrescente 20 minutos**

4

nível 4: intermediário (10 km)

Se seu tempo estimado for superior a 30 minutos, a 6,5 km por hora, mantenha o programa. Em seguida, quando começar a corrida para o ritmo almejado, só acelere quando ultrapassar a marca de meio de caminho e se se sentir confortável. Se seu ritmo for superior a 6,5 km por hora, caminhe a um ritmo um pouco mais lento a cada 10 minutos durante a corrida para dar aos quadris a oportunidade de mudar de posição e ajudar a manter o vigor durante todo o evento.

SEMANA	SEGUNDA	TERÇA	QUARTA
1	30 minutos a PSE 6-7 ou descanso	20 minutos a PSE 6-7; 4 x 2 minutos a PSE 8-9 com 2 minutos de recuperação a PSE 4-5; 20 minutos a PSE 6-7	3 km a PSE 6-7
2	30 minutos a PSE 6-7 ou descanso	20 minutos a PSE 6-7; 4 x 3 minutos a PSE 8-9 com 2,5 minutos de recuperação a PSE 4-5; 20 minutos a PSE 6-7	3 km a PSE 7-8
3	30 minutos a PSE 6-7 ou descanso	10 minutos a PSE 6; pare e alongue, depois 5 minutos a PSE 6	4 km a PSE 6-7
4	30 minutos a PSE 6-7 ou descanso	20 minutos a PSE 6-7; 6 x 2 minutos a PSE 8-9 com 2 minutos de recuperação a PSE 4-5; 20 minutos a PSE 6-7	4 km a PSE 7-8
5	30 minutos a PSE 7 ou descanso	20 minutos a PSE 6-7, 5 x 3 minutos a PSE 8-9 com 2,5 minutos de recuperação a PSE 4-5; 20 minutos a PSE 6-7	5 km a PSE 7
6	30 minutos a PSE 7	45 minutos a PSE 7	5 km PSE 7
7	30 minutos a PSE 7	45 minutos a PSE 7-8	5 km a PSE 7-8
8	descanso	treinamento alternado 30-60 minutos	6 km a PSE 6-7

QUINTA	SEXTA	SÁBADO	DOMINGO
10 minutos a PSE 5-6; 20 minutos de inclinação a PSE 7-8; 10 minutos a PSE 5-6	descanso	3 km a PSE 6-7	6 km
20 minutos a PSE 6; 8x1 minuto de subida a PSE 8-9 e recuperar nas descidas; 20 minutos a PSE 6	descanso	caminhada ou treinamento alternado 30-60 minutos	7 km
10 minutos a PSE 5-6; 30 minutos de inclinação (subida e descida) a PSE 7-8; 10 minutos a PSE 5-6	descanso	5 km a PSE 7	8,5 km
20 minutos a PSE 6; 10 x 1 minuto subida a PSE 8-9 e recuperar nas descidas; 20 minutos a PSE 6	descanso	6 km a PSE 6-7	11 km
10 minutos a PSE 5-6; 40 minutos de inclinação a PSE 7-8; 10 minutos a PSE 5-6	descanso	caminhada ou treinamento alternado 30-60 minutos	12 km
20 minutos a PSE 6; 12 x 1 minuto subida a PSE 8-9 e recuperação nas descidas, 20 minutos a PSE 6	descanso	6 km a PSE 7	13,5 km
20 minutos a PSE 6; 8 x 2 minutos de subida a PSE 9 e recuperação nas descidas; 20 minutos a PSE 6	descanso	6,5 km a PSE 6-7	6,5 km
descanso ou 30 minutos devagar	descanso	3 km a PSE 6	9,5 km e 2 horas

QUANTO TEMPO AINDA FALTA?

Se quiser saber quanto tempo falta para percorrer 10 km ou alguma outra distância em 4 horas (trajetos em terrenos irregulares costumam demorar mais), você pode fazer uma estimativa cronometrando seu tempo. Caminhe em um ritmo confortável e vigoroso por 3 km.

KM/H	MIN POR KM	10 KM	16 KM
5	12	2h	3h20
5,25	11	1h51	3h05
5,5	10	1h43	2h51
6	9	1h36	2h40
6,5	8	1h30	2h30
6,8	7	1h25	2h21
7,2	6	1h20	2h13
8	5	1h12	2h

CAMINHADA PLANA COM 15 KM

Tenha como objetivo um percurso com 2 a 3 horas de duração. O segredo está em manter o ritmo de modo que o último quilômetro seja quase tão confortável quanto o primeiro. Sentirá as pernas cansadas, mas, se mantiver o ritmo de modo constante nos primeiros quilômetros, o trajeto total parecerá tranqüilo. A não ser que tenha uma boa razão para parar, mantenha-se em movimento constante, reduzindo um pouco na hora de comer ou beber.

4

nível 4: intermediário (1 dia)

Se for possível, faça a caminhada do domingo em superfície e em inclinação similares (um pouco menos exigentes) ao percurso a ser feito no evento.

programa para um dia de caminhada

(com cinco a sete horas de duração)
É preciso caminhar pelo menos 4 horas por semana antes de começar este treinamento. Talvez já esteja apto agora, mas vale lembrar que um percurso de 4 horas sobre terreno irregular irá sobrecarregá-lo se não estiver preparado. Em 4 horas, é possível percorrer de 22 a 26 km (de 5,5 km/h a 6,5 km/h), dependendo da superfície e da sua forma física. O *trekking* em geral inclui paradas para apreciar a paisagem, o que proporciona oportunidades para descansar.

semana 4 – como está seu progresso?

Os principais objetivos deste programa são o fortalecimento da resistência das pernas e o treino para se acostumar a várias horas sobre as pernas. Você pode aproveitar a oportunidade para se habituar ao uso de bastões ou cajados. Os bastões podem requerer um gasto adicional de 25% a 30% de energia e por isso é importante estar habituado a usá-los. Certifique-se de que está dedicando o cuidado adequado a seus pés e reserve tempo nos fins de semana para praticar caminhadas mais longas.

SEMANA	SEGUNDA	TERÇA	QUARTA
1	descanso	3 km a PSE 7 (cronometrado)	percurso *off-road* em terrenos diversos, 30 minutos a PSE 6
2	descanso	treinamento alternado 30-60 minutos	percurso *off-road* em terrenos diversos, 30 minutos a PSE 6-7
3	descanso	3 km a PSE 7 (cronometrado)	percurso *off-road* em terrenos diversos, 30 minutos a PSE 7
4	descanso	treinamento alternado 30-60 minutos	percurso *off-road* em terrenos diversos, 45 minutos a PSE 6
5	descanso	3 km a PSE 7 (cronometrado)	percurso *off-road* em terrenos diversos, 45 minutos a PSE 6-7
6	descanso	treinamento alternado 30-60 minutos	20 minutos a PSE 6; 12 x 1 minuto de subida a PSE 8-9 e recuperação nas descidas; 20 minutos a PSE 6

QUINTA	SEXTA	SÁBADO	DOMINGO
sobre grama ou em estradas, 45 minutos a PSE 6	10 minutos a PSE 5-6; 20 minutos de inclinação a PSE 7-8; 10 minutos a PSE 5-6	30 minutos a PSE 6-7	2,5 km de caminhada
sobre grama ou em estradas, 45 minutos a PSE 6-7	20 minutos a PSE 6; 8 x 1 minuto de subida a PSE 8-9 e recuperação nas decidas; 20 minutos a PSE 6	30 minutos a PSE 7	2 horas em terreno não pavimen-tando e inclinado
sobre grama ou em estradas, 50 minutos a PSE 6-7	10 minutos a PSE 5-6; 30 minutos de inclinação a PSE 7-8; 10 minutos a PSE 5-6	30 minutos a PSE 7-8	3 horas de caminhadas
sobre grama ou em estradas, 55 minutos a PSE 6-7	20 minutos a PSE 6; 10 x 1 minuto de subida íngreme a PSE 8-9 e recuperação nas descidas; 20 minutos a PSE 6	45 minutos a PSE 6-7	4 horas de caminhada
sobre grama ou em estradas, 1 hora a PSE 6	10 minutos a PSE 5-6; 40 minutos de inclinação a PSE 7-8; 10 minutos a PSE 5-6	45 minutos a PSE 7	3 horas de caminhada com paradas curtas
descanso	percurso *off-road* em terrenos diversos, 45 minutos a PSE 7	descanso	**um dia** (25–35 km)

« semana 4 — como está seu progresso?

semana 6 — como está seu progresso?

Você pode achar que não precisa de mais preparo. Talvez seja verdade, mas, se quiser caminhar na semana seguinte, vá com calma. O corpo pode precisar de até duas semanas para se adaptar a novos exercícios. Esforços a mais nas duas últimas semanas não ajudarão. Por isso, as duas semanas finais são a oportunidade para que seu corpo consolide os avanços. Concentre-se na técnica de uso do bastão, planeje o trajeto e reze para que o tempo ajude! A sexta semana será a preparação para a semana mais longa até aqui: pelo menos 75% da distância planejada. Aproveite e veja que o árduo preparo valeu a pena.

semana 4 — como está seu progresso? »

5 nível 5: superior

O nível 5 é para quem caminha de 4 a 5 dias por semana, percorrendo de 32 a 48 km. Inclui um programa para a forma física, preparo para evento de 10 km, programação para treinar para meia-maratona (21 km) e para *trekking* com 8 a 16 horas. Caso esteja se preparando para uma meia-maratona ou um *trekking* de fim de semana, faça as contas de trás para a frente a partir da data do evento e programe seu treinamento de modo que sobre uma semana entre o fim do programa e o dia da prova.

nível 5 - boa forma

Antes de começar este programa, que pode ser repetido por 4 semanas, você deve ser capaz de caminhar de 45 a 60 minutos, 5 ou 6 dias por semana, a uma velocidade constante ou em local inclinado. Siga o programa de boa forma fazendo primeiro as sessões básicas. Para seguir em frente após concluir as primeiras quatro semanas sem esforço, repita o programa, acrescentando as variações no segundo ciclo. Ao treinar para percorrer distâncias maiores, repita as longas caminhadas dominicais em sessões mais curtas, uma vez que a caminhada dos domingos destina-se aos praticantes que não pretendem fazer uma caminhada extensa. Se estiver planejando um *trekking* de fim de semana, veja o quadro ao lado.

SEMANA	SEGUNDA	TERÇA
1	descanso	10 minutos constantes a PSE 6; 4 x 4 minutos a PSE 8 com 2 minutos de recuperação a PSE 4-5; 10 minutos a PSE 6-7
CICLO 2		**repita 2 vezes**
2	descanso	10 minutos constantes a PSE 6; 30 minutos a ritmo variado; 10 minutos a PSE 6-7
CICLO 2		**acrescente 5 minutos**
3	descanso	10 minutos constantes a PSE 7; 5 x 5 min a PSE 8 com 2 minutos de recuperação a PSE 5-6; 10 minutos a PSE 6-7
CICLO 2		**repita 2 vezes**
4	descanso	10 minutos constantes a PSE 6; 6 x 6 minutos a PSE 8 com 3 minutos de recuperação a PSE 4-5; 4 minutos a PSE 7
CICLO 2		**repita 1 vez**

como treinar para um evento com mais de um dia de duração?

Preparar o corpo para um grande esforço, descansar e em seguida participar do evento, exige poupar-se no sábado e no domingo. Normalmente, reserva-se um dia de descanso entre as sessões mais puxadas. Algumas estratégias ajudam a aproveitar todas as reservas energéticas para repetir o mesmo esforço:

- Mantenha os níveis de energia elevados durante o dia, consumindo bebidas energéticas e alimentos ricos em carboidratos.
- Descanse bastante. Não abuse das atividades físicas na primeira tarde.
- No fim do dia, alimente-se bem, mas não exagere a ponto de prejudicar o sono.
- Se tiver alguma distensão muscular, use gelo para conter a lesão.
- Certifique-se de que os objetos que pretende levar estão bem embalados, uma vez que passarão bastante tempo em contato com suas costas.
- Caso não se sinta bem, não hesite em reconhecer que não conseguirá concluir o segundo dia do evento.

QUARTA	QUINTA	SEXTA	SÁBADO	DOMINGO
40 minutos a PSE 6-7	10 minutos devagar a PSE 5-6; 20 minutos vigorosos a PSE 7-8; 10 minutos devagar a PSE 5-6	descanso ou 30 minutos devagar	40 minutos a PSE 6-7	45-55 minutos constantes a PSE 6-7
	acrescente 5 minutos			acrescente 10 minutos
40 minutos a PSE 6	10 minutos devagar a PSE 6; 20 minutos vigorosos a PSE 7-8; 10 minutos devagar a PSE 6	descanso ou 30 minutos devagar	45 minutos a PSE 6	55-65 minutos a PSE 6-7
	acrescente 5 minutos			acrescente 10 minutos
40 minutos a PSE 6	10 minutos a PSE 6-7; 30 minutos a PSE 7-8; 10 minutos a PSE 6-7	descanso ou 30 minutos devagar	45 minutos a PSE 6	1h10-1h20 constantes a PSE 6-7
	acrescente 5 minutos			acrescente 15 minutos
35 minutos a PSE 6	10 minutos a PSE 6; 20 minutos a PSE 7-8; 10 minutos a PSE 6	descanso	45 minutos a PSE 6	1h30-1h40 constantes a PSE 6-7
	acrescente 10 minutos			acrescente 10 minutos

semana 4 — como está seu progresso?

No fim da quarta semana, se não apresentou nenhum problema, você estará pronto para começar o segundo ciclo ou repetir este programa quantas vezes julgar necessário. Só passe para a próxima etapa quando se sentir preparado.

5 nível 5: superior (10 km)

SEMANA	SEGUNDA	TERÇA	QUARTA
1	30 minutos a PSE 6-7 ou descanso	20 minutos a PSE 6-7; 4 x 3 minutos a PSE 8-9 e 2 minutos de recuperação a PSE 4-5; 20 minutos a PSE 6-7	3 km a PSE 7-8
2	30 minutos a PSE 6-7 ou descanso	20 minutos a PSE 6-7; 4 x 4 minutos a PSE 8-9 e 2 1/2 minutos de recuperação a PSE 4-5; 20 minutos a PSE 6-7	3 km a PSE 7-8
3	30 minutos a PSE 6-7 ou descanso	10 minutos a PSE 6; pare e alongue; 5 minutos a PSE 6	4 km a PSE 6-7
4	30 minutos a PSE 6-7 ou descanso	20 minutos a PSE 6-7; 6 x 3 minutos a PSE 8-9 e 2 minutos de recuperação a PSE 4-5; 20 minutos a PSE 6-7	4 km a PSE 7-8
5	30 minutos a PSE 7 ou descanso	20 minutos a PSE 6-7; 5 x 4 minutos a PSE 8-9 e 2 1/2 minutos de recuperação a PSE 4-5; 20 minutos a PSE 6-7	5 km a PSE 6-7
6	30 minutos a PSE 7	45 minutos a PSE 8	5 km a PSE 7
7	30 minutos a PSE 7	45 minutos a PSE 7-8	5 km a PSE 7-8
8	descanso	treinamento alternado 30-60 minutos	6 km a PSE 7-8

Antes de começar, você deve ser capaz de caminhar 6 dias por semana, percorrendo uma distância de 32 km.

caminhada organizada
Este programa pretende estimular a velocidade. Os adeptos do *power walking* que participam de caminhadas organizadas percorrem 1,5 km em menos de 10 minutos, mas esse nível de experiência exige anos de treino. Se seu objetivo é participar de um evento desse tipo, filie-se a um clube: além de obter orientações sobre as técnicas das competições, terá a oportunidade de treinar com outras pessoas.

QUINTA	SEXTA	SÁBADO	DOMINGO
10 minutos a PSE 5-6; 20 minutos de inclinação a PSE 7-8; 10 minutos a PSE 5-6	descanso	6,5 km a PSE 6-7	8 km
20 minutos a PSE 6; 8 x 1 minuto de subida a PSE 8-9 e recuperação na descida; 20 minutos a PSE 6	descanso	caminhada ou treinamento alternado 30-60 minutos	5 km rápidos a PSE 8
10 minutos a PSE 5-6; 30 minutos de inclinação (acima e para baixo) a PSE 7-8; 10 minutos a PSE 5-6	descanso	5 km a PSE 7	7 km
20 minutos a PSE 6; 10 x 1 minuto de subida a PSE 8-9 e recuperação na descida; 20 minutos a PSE 6	descanso	6 km a PSE 6-7	8 km
10 minutos a PSE 5-6; 40 minutos inclinação a PSE 7-8; 10 minutos a PSE 5-6	descanso	caminhada ou treinamento alternado 30-60 minutos	8,5 km
20 minutos a PSE 6; 12 x 1 minuto de subida a PSE 8-9 e recuperação na descida; 20 minutos a PSE 6	descanso	6 km a PSE 7	10 km
20 minutos a PSE 6; 8 x 2 minutos de subida a PSE 9 e recuperação na descida; 20 minutos a PSE 6	descanso	6,5 km a PSE 6-7	6,5 km
descanso ou 30 minutos devagar	descanso	3 km a PSE 6	

10 km em menos de 1h30

semana 4 — como está seu progresso?

semana 4

Calcule o tempo necessário para percorrer 10 km a partir do tempo gasto para caminhar 1,5 km:

1,5 km em 16 minutos = 1h39
1,5 km em 15 minutos = 1h33
1,5 km em 14 minutos = 1h26
1,5 km em 13 minutos = 1h20
1,5 km em 12 minutos = 1h14

Semana 6

Tempo para a meia-maratona

O percurso de 10 km feito no domingo irá indicar o tempo estimado para concluir a meia-maratona (21 km). Lembre-se de acrescentar 5% a 10% a mais de tempo para paradas para beber líquidos, para mudança de ritmo ou para trechos mais lentos – todas "reservas de tempo" importantes em uma caminhada mais extensa.

5 nível 5: superior (meia-maratona)

Programa de 40 km por semana, com 2 caminhadas de 2 horas de duração nos fins de semana.

Velocidade ou resistência?

A velocidade não é a principal preocupação aqui, mas sim a resistência.

semana 4 — como está seu progresso?

Saber que pode parar durante o dia deve ser mais importante que dúvidas sobre sua capacidade de acompanhar outras pessoas. No entanto, você quer aproveitar o fim de semana e não ficar exausto. Até agora você conseguiu fazer isso e não deve haver nenhum problema caso mantenha o programa. No entanto, não ignore nenhuma dor apenas porque está perto de seu objetivo: há tempo suficiente para cuidar das lesões e ainda fazer sua caminhada. Caso deixe que o problema se agrave, pode ser obrigado a parar completamente. Não arrisque.

SEMANA	SEGUNDA	TERÇA	QUARTA
1	descanso	15 minutos a PSE 6-7; 4 x 2 minutos a PSE 8-9 e 2 minutos de recuperação a PSE 4-5; 15 minutos a PSE 6-7	3 km a PSE 6-7
2	descanso	15 minutos a PSE 6-7; 4 x 3 minutos a PSE 8-9 e 2 1/2 minutos de recuperação a PSE 4-5; 15 minutos a PSE 6-7	treinamento alternado 30-60 minutos
3	descanso	15 minutos a PSE 6-7; 6 x 2 minutos a PSE 8-9 e 2 minutos de recuperação a PSE 4-5; 15 minutos a PSE 6-7	6 km a PSE 6-7
4	descanso	15 minutos a PSE 6-7; 5 x 3 minutos a PSE 8-9 e 2 1/2 minutos de recuperação a PSE 4-5; 15 minutos a PSE 6-7	treinamento alternado 30-60 minutos
5	descanso	15 minutos a PSE 6-7; 6 x 2 minutos a PSE 8-9 e 2 1/2 minutos de recuperação a PSE 4-5; 15 minutos a PSE 6-7	6,5 km a PSE 6-7
6	descanso	1 hora a PSE 7-8	5 km a PSE 6-7
7	descanso	15 minutos a PSE 6-7; 6 x 3 minutos a PSE 8-9 e 2,5 minutos de recuperação a PSE 4-5; 15 minutos a PSE 6-7	treinamento alternado 30-60 minutos
8	descanso	45 minutos a PSE 7-8	6,5 km a PSE 6-7
9	descanso	45 minutos a PSE 7-8	8 km a PSE 6-7
10	descanso	30 minutos a PSE 7	descanso

Mas não se esqueça de que exercícios em subida podem ser comparados aos de velocidade, e por isso, caso não encontre um local íngreme, faça uma sessão de intervalo. Você precisa se acostumar a ficar bastante tempo sobre as pernas e a carregar uma mochila. Use as sessões longas para se adaptar ao peso extra e para selecionar o que realmente precisa ser levado.

QUINTA	SEXTA	SÁBADO	DOMINGO
10 minutos a PSE 5-6; 20 minutos de inclinação a PSE 7-8; 10 minutos a PSE 5-6	percurso *off-road*, 3 km a PSE 6-7	30 minutos a PSE 6-7	6,5 km
20 minutos a PSE 6; 8 x 1 minuto de subida a PSE 8-9 e recuperar na descida; 20 minutos a PSE 6	percurso *off-road*, 3 km a PSE 7-8	30 minutos a PSE 6-7	8 km
20 minutos a PSE 6; 10 x 1 minuto de subida a PSE 8-9 e recuperação na descida; 20 minutos a PSE 6	percurso *off-road*, 4 km a PSE 7-8	35 minutos a PSE 6-7	10 km
10 minutos a PSE 5-6; 40 minutos de inclinação a PSE 7-8; 10 minutos a PSE 5-6	percurso *off-road*, 5 km a PSE 6-7	40 minutos a PSE 6-7	11 km
			« como está seu progresso?
20 minutos a PSE 6; 8 x 2 minutos de subida a PSE 9 e recuperação na descida; 20 minutos a PSE 6	percurso *off-road*, 5 km a PSE 7-8	45 minutos a PSE 6-7	13 km
20 minutos a PSE 6; 10 x 2 minutos de subida a PSE 8-9 e recuperação na descida; 20 minutos a PSE 6	percurso *off-road*, 6 km a PSE 7-8	1 hora a PSE 6-7	16km
20 minutos a PSE 6; 12 x 2 minutos de subida a PSE 8-9 e recuperação na descida; 20 minutos a PSE 6	percurso *off-road*, 6,5 km a PSE 7-8	1 hora a PSE 6-7	16 km
30 minutos de inclinação a PSE 7	treinamento alternado 30-60 minutos	45 minutos a PSE 6-7	18 km
			como está seu progresso? »
30 minutos de inclinação a PSE 7	6 km a PSE 6-7	30 minutos a PSE 6-7	10 km
30 minutos a PSE 6-7	treinamento alternado 30-60 minutos ou caminhada devagar	descanso	**meia-maratona (21 km)**

semana 8 — como está seu progresso?

As duas últimas semanas devem ser dedicadas a verificar se tudo está correto: acomodação e deslocamento reservados, paradas para descanso ou para beber líquidos (se for necessário) incluídas no planejamento e todos os itens comprados e preparados. Nas próximas duas semanas, seu treinamento deve se voltar para deixá-lo cheio de energia para o dia do evento.

5 nível 5: superior
(*trekking* de fim de semana)

A caminhada do domingo deve ser realizada sobre superfícies e inclinações o mais similares possível às do percurso do *trekking*.

exercício de orientação

Se você quiser experimentar algo um pouco diferente, tente fazer um exercício de orientação. Não se trata apenas de forma física ou de velocidade, mas também de uma oportunidade para testar sua iniciativa e senso de orientação. Descobrir o percurso mais curto, identificar as indicações do trajeto e exercitar-se sozinho ou com outros praticantes faz parte do desafio.

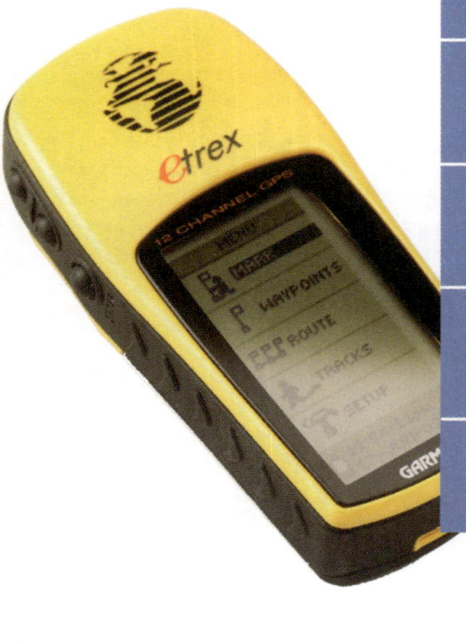

SEMANA	SEGUNDA	TERÇA	QUARTA
1	descanso	3 km a PSE 7	percurso *off-road* em terrenos diversos; 30 minutos a PSE 6
2	descanso	treinamento alternado 30-60 minutos	percurso *off-road* em terrenos diversos; 30 minutos a PSE 6-7
3	descanso	3 km a PSE 7	percurso *off-road* em terrenos diversos; 30 minutos a PSE 7
4	descanso	treinamento alternado 30-60 minutos	percurso *off-road* em terrenos diversos; 45 minutos a PSE 6
5	descanso	3 km a PSE 7	percurso *off-road* em terrenos diversos; 45 minutos a PSE 6-7
6	descanso	treinamento alternado 30-60 minutos	percurso *off-road* em terrenos diversos; 45 minutos a PSE 7
7	descanso	5 km a PSE 7-8	percurso *off-road* em terrenos diversos; 45 minutos a PSE 7
8	descanso	treinamento alternado 30-60 minutos	descanso

QUINTA	SEXTA	SÁBADO	DOMINGO
sobre a grama ou em estradas; 45 minutos a PSE 6	10 minutos a PSE 5-6; 20 minutos de inclinação a PSE 7-8; 10 minutos a PSE 5-6	1 hora a PSE 6-7	1 hora de caminhada
sobre a grama ou em estradas; 45 minutos a PSE 6-7	20 minutos a PSE 6 8 x 1 minuto de subida a PSE 8-9 e recuperação na descida; 20 minutos a PSE 6	1h30 a PSE 7	8 km em terreno irregular e inclinação, 2 horas de caminhada
sobre a grama ou em estradas; 50 minutos a PSE 6-7	10 minutos a PSE 5-6; 30 minutos de inclinação a PSE 7-8; 10 minutos a PSE 5-6	2 horas a PSE 7-8	3 horas de caminhada
sobre a grama ou em estradas; 55 minutos a PSE 6-7	20 minutos a PSE 6; 10 x1 minuto de subida a PSE 8-9 e recuperação na descida; 20 minutos a PSE 6	3 horas a PSE 6-7	4 horas de caminhada
sobre a grama ou em estradas; 1 hora a PSE 6-7	10 minutos a PSE 5-6; 40 minutos de inclinação a PSE 7-8; 10 minutos a PSE 5-6	4 horas a PSE 7	4 horas de caminhada
sobre a grama ou em estradas; 1 hora a PSE 6-7	20 minutos a PSE 6; 12 x 1 minuto de subida a PSE 8-9 e recuperação na descida; 20 minutos a PSE 6	5 horas de caminhada	5 horas de caminhada
sobre a grama ou em estradas; 1 hora a PSE 6-7	descanso	1h30 a PSE 7	2 horas de caminhada com paradas curtas
sobre a grama ou em estradas; 1 hora a PSE 6-7	descanso	**trekking de fim de semana** (mais de 32 km)	

6 nível 6: avançado

Este nível é para os que se dedicam no mínimo 1 dia por semana a caminhar 2 horas, além de 4 dias por semana para caminhadas de 1 hora, a 6,5 km/h. Este treinamento inclui um programa para a forma física, uma maratona e um *trekking* com 1 semana de duração. Não deixe os exercícios de velocidade de lado em função dos exercícios de distância, nem ache que

nível 6 - boa forma

Você precisa estar apto a caminhar quase todos os dias da semana e percorrer pelo menos 40 km por semana. Este programa de boa forma inclui as principais sessões, com algumas variações a partir da quarta semana. Como os demais programas, pode ser repetido em outras semanas ou servir como plataforma para as etapas seguintes. Siga o planejamento rumo ao seu objetivo e volte para esta parte básica se precisar saltar mais de uma semana da programação definida.

SEMANA	SEGUNDA	TERÇA
1	descanso	10 minutos constantes a PSE 6; 5 x 4 minutos a PSE 8 e recuperação de 2 minutos a PSE 4-5; 10 minutos a PSE 6-7
CICLO 2		**repita 2 vezes**
2	descanso	10 minutos constantes a PSE 6; 30 minutos em ritmo variado; 10 minutos a PSE 6-7
CICLO 2		**acrescente 10 minutos**
3	descanso	10 minutos constantes a PSE 7; 7 x 4 minutos a PSE 8 e 2 minutos de recuperação a PSE 4-5; 10 minutos a PSE 6-7
CICLO 2		**repita 3 vezes**
4	descanso	10 minutos constantes a PSE 6; 5 x 5 minutos a PSE 8 e 3 minutos de recuperação a PSE 4-5; 4 minutos a PSE 7
CICLO 2		**repita 2 vezes**

só superar distâncias basta para seu caso: você irá precisar de todos os aspectos do treinamento, sobretudo neste nível final, para ter certeza de que extraiu o máximo de seu empenho.

treinamento alternado

Muitos praticantes acreditam que caminhar basta para manter a boa forma física. Embora seja verdade, se você está em fase de recuperação por algum ferimento ou se o tempo não ajuda, a prática de ginástica ou de natação constitui boa alternativa para treinar com a mesma eficiência. Mesmo pequenos machucados, como bolhas nos pés, podem impedi-lo de fazer caminhadas, mas não de dedicar-se à musculação, de se exercitar com uma bicicleta ou esteira ou mesmo de nadar.

QUARTA	QUINTA	SEXTA	SÁBADO	DOMINGO
35 minutos a PSE 6-7	10 minutos devagar a PSE 5-6; 20 minutos vigorosos a PSE 7-8; 10 minutos devagar a PSE 5-6	descanso ou 30 minutos devagar	40 minutos a PSE 6-7	45-60 minutos constantes a PSE 6-7
	acrescente 10 minutos			acrescente 15 minutos
35 minutos a PSE 6	10 minutos devagar a PSE 6; 20 minutos vigorosos a PSE 7-8; 10 minutos devagar a PSE 6	descanso ou 30 minutos devagar	45 minutos a PSE 6	1 a 1h30 constante a PSE 6-7
	acrescente 10 minutos			acrescente 15 minutos
35 minutos a PSE 6	10 minutos a PSE 6-7; 30 minutos a PSE 7-8; 10 minutos a PSE 6-7	descanso ou 30 minutos devagar	45 minutos a PSE 6	1h30 a 2h constante a PSE 6-7
	acrescente 10 minutos			acrescente 20 minutos
35 minutos a PSE 6	10 minutos a PSE 6; 20 minutos a PSE 7-8; 10 minutos a PSE 6	descanso	45 minutos a PSE 6	1h30 a 2h constante a PSE 6-7
	acrescente 5 minutos			acrescente 15 minutos

semana 4 — como está seu progresso?

Seja qual for seu objetivo, agora as prioridades devem ser melhorar a distância e ficar longe das lesões. Avalie a possibilidade de fazer uma massagem mensal ou consultar um fisioterapeuta esportivo para verificar se não está cultivando algum problema que pode se manifestar no futuro. Passe para o segundo ciclo como preparação para a parte final do programa.

6 nível 6: avançado (maratona)

(a caminhada dominical deve ser feita sobre superfícies similares às percorridas na maratona)

A experiência de participar de uma maratona é sempre gratificante, embora sejam distintos os motivos que levem as pessoas a aderir: diversão, apoio a uma causa beneficente ou desejo de competir. Seja qual for sua motivação, a preparação para o evento é animada.

semana 8 – como está seu progresso?

Agora é preciso aumentar as caminhadas longas de 1,5 a 3 km por semana para chegar à caminhada de teste com 2 semanas de antecedência em relação ao evento. Você já está na metade do caminho e as 8 semanas restantes constituem o tempo ideal para apreciar as conquistas feitas até agora. Se vai participar de um evento beneficente, convide amigos e familiares: pode ter certeza de que conseguirá chegar ao fim da prova – mesmo que isso parecesse absurdo quando tomou a decisão de participar.

SEMANA	SEGUNDA	TERÇA	QUARTA
1	30 minutos a PSE 6-7	15 minutos a PSE 6-7; 2 x 4 minutos a PSE 8-9 e 2 minutos de recuperação a PSE 4-5; 15 minutos a PSE 6-7	3 km a PSE 6-7
2	30 minutos a PSE 6-7	15 minutos a PSE 6-7; 2 x 6 minutos a PSE 8-9 e 4 minutos de recuperação a PSE 4-5; 15 minutos a PSE 6-7	3 km a PSE 7-8
3	30 minutos a PSE 6-7	15 minutos a PSE 6—7; 4, 6, 4 minutos a PSE 8-9 e 4 minutos de recuperação a PSE 4-5; 15 minutos a PSE 6-7	4 km a PSE 6-7
4	35 minutos a PSE 6-7	15 minutos a PSE 6-7; 6 x 2 minutos a PSE 8-9 e 2 minutos de recuperação a PSE 4-5; 15 minutos a PSE 6-7	4 km a PSE 7-8
5	40 minutos a PSE 6-7	15 minutos a PSE 6-7; 3 x 4 minutos a PSE 8-9 e 2 minutos de recuperação a PSE 4-5; 15 minutos a PSE 6-7	5 km a PSE 6-7
6	45 minutos a PSE 6-7	10 minutos a PSE 6-7; 3 x 6 minutos a PSE 8-9 e 4 minutos de recuperação a PSE 4-5; 10 minutos a PSE 6-7	5 km a PSE 7-8
7	45 minutos a PSE 6-7	10 minutos a PSE 6-7; 6, 4, 2, 4, 6 minutos a PSE 8-9 e metade dos tempos para recuperação a PSE 4-5; 10 minutos a PSE 6-7	54,8 km a PSE 7-8
8	45 minutos a PSE 6-7	15 minutos a PSE 6-7; 8 x 2 minutos a PSE 8-9 e 2 minutos de recuperação a PSE 4-5; 15 minutos a PSE 6-7	6 km a PSE 6-7

A diversão pode começar já no transporte para o local da prova e em geral a atividade ocorre em uma atmosfera bastante agradável.

QUINTA	SEXTA	SÁBADO	DOMINGO
percurso *off-road*, 4 km	descanso	45 minutos a PSE 5-6	8,5 km
10 minutos a PSE 5-6; 20 minutos inclinação a PSE 7-8; 10 minutos a PSE 5-6	descanso	treinamento alternado 30-60 minutos	11 km
20 minutos a PSE 6; 8 x 1 minuto de subida a PSE 8-9 e recuperação na descida; 20 minutos a PSE 6	descanso	45 minutos a PSE 6	2 horas de caminhada
percurso *off-road*, 5 km	descanso	45 minutos a PSE 6-7	12 km
treinamento alternado 30-60 minutos	descanso	45 minutos a PSE 6-7	14 km
treinamento alternado 30-60 minutos	descanso	45 minutos a PSE 6-7	3 horas de caminhada
percurso *off-road*, 6 km	descanso	1 hora a PSE 6	16 km
10 minutos a PSE 5-6; 30 minutos inclinação a PSE 8; 10 minutos a PSE 5-6	descanso	treinamento alternado 30-60 minutos	3h30 de caminhada

« como está seu progresso?

correr ou caminhar?

Se você não encontrar uma maratona de caminhada, informe-se com os organizadores de maratonas de corrida sobre os eventos que também envolvam caminhadas.

EM QUANTO TEMPO?

Uma maratona compõe-se de 42 km de diversão. Se você quer se divertir mas tem como principal objetivo terminar a prova, use a estimativa de tempo ou o tempo feito na meia-maratona (ou na prova de 10 km) para calcular seu tempo de conclusão da prova. Lembre-se de acrescentar de 5% a 10% sobre o tempo final para as paradas para beber, para os trechos de menor ritmo conforme o cansaço chega e para os "engarrafamentos".

KM/H	10 KM	MEIA-MARATONA (21 KM)	MARATONA (42 KM)
5	2h	4h22	8h45
5,25	1h51	3h55	7h50
5,5	1h43	3h50	7h40
6	1h36	3h29	7h
6,5	1h30	3h16	6h32
6,8	1h25	3h03	6h06
7,2	1h20	2h50	5h40
8	1h12	2h37	5h14

6 nível 6: maratona continuação

Talvez queira concluir a prova em um bom tempo, mas se for sua estréia é melhor ser realista. Não é preciso acrescentar nada às orientações das páginas anteriores, uma vez que seu objetivo é o ritmo constante. No entanto, lembre-se de beber água conforme caminha.

semana 12 – como está seu progresso?

Esta semana antecede seu grande percurso. Seu tempo total deve ser de cerca de 5,5 horas, no qual tem de percorrer de 32 a 36 km em vez do trajeto total (42 km). Ao treinamento segue-se um período de 2 semanas de descanso e redução, no qual o treinamento diminui até 75% e o consumo de carboidratos deve ser aumentado. Lembre-se de prestar atenção a qualquer dor ou desconforto, pois esses sinais não podem ser ignorados. Se sentir dor nos pés, procure recuperá-los colocando-os na água fria após as caminhadas.

SEMANA	SEGUNDA	TERÇA
9	50 minutos a PSE 6-7	15 minutos a PSE 6-7; 4 x 4 minutos a PSE 8-9 e 2 minutos de recuperação a PSE 4-5; 15 minutos a PSE 6-7
10	55 minutos a PSE 6-7	10 minutos a PSE 6-7; 4 x 6 minutos a PSE 8-9 e 4 minutos de recuperação a PSE 4-5; 10 minutos a PSE 6-7
11	1 hora a PSE 6-7	10 minutos a PSE 6-7; 2, 4, 2, 6, 2, 4, 2 minutos a PSE 8-9 e metade do tempo para recuperação a PSE 4-5; 10 minutos a PSE 6-7
12	1 hora a PSE 6-7	15 minutos a PSE 6-7; 10 x 2 minutos a PSE 8-9 e 2 minutos de recuperação a PSE 4-5; 15 minutos a PSE 6-7
13	1 hora a PSE 6-7	10 minutos a PSE 6-7; 4 x 4 minutos a PSE 8-9 e 2 minutos de recuperação a PSE 4-5; 10 minutos a PSE 6-7
14	30 minutos a PSE 6-7	15 minutos a PSE 6-7; 6 x 2 minutos a PSE 8-9 e 2 minutos de recuperação a PSE 4-5; 15 minutos a PSE 6-7
15	descanso	10 minutos a PSE 6-7; 12, 6, 12 minutos a PSE 8-9 e 4 minutos de recuperação a PSE 4-5; 15 minutos a PSE 6-7
16	1 hora a PSE 6-7	descanso

caminhada organizada

Aqui não é permitido tirar um pé do chão antes de colocar o outro no solo, sob pena de desclassificação. Tenha cuidado e desacelere se sentir que está sendo levado, pois é melhor ir devagar e terminar a prova do que tentar correr e não conseguir seguir em frente. Se estiver machucado, não force seu corpo além dos limites da dor, pois as conseqüências podem ocorrer em breve.

QUARTA	QUINTA	SEXTA	SÁBADO	DOMINGO
6 km a PSE 7-8	20 minutos a PSE 6; 6 x 2 minutos de subida a PSE 8-9 e recuperação na descida; 20 minutos a PSE 6	descanso	1 hora a PSE 6	19 km
6,5 km a PSE 6-7	percurso *off-road*, 6,5 km	descanso	1 hora a PSE 6-7	22,5 km
6,5 km a PSE 7-8	treinamento alternado 30-60 minutos	descanso	1 hora a PSE 6-7	4 horas de caminhada
7 km a PSE 6-7	percurso *off-road*, 6,5 km	descanso	1 hora a PSE 5-6	25,5 km

como está seu progresso?

8 km a PSE 6-7	treinamento alternado 30-60 minutos	descanso	1 hora a PSE 5	29 km
6 km a PSE 7-8	10 minutos a PSE 6; 8 x 2 minutos de subida a PSE 8-9 e recuperação na descida; 10 minutos a PSE 6	descanso	1 hora a PSE 5-6	32 km (caminhada longa final)
5 km a PSE 6-7	treinamento alternado 30-60 minutos	descanso	1 hora a PSE 7	13 km
1 hora a PSE 6-7	descanso	1 hora a PSE 6-7	descanso	maratona (42 km)

6

nível 6: avançado
(*trekking* de 1 semana)

SEMANA	SEGUNDA	TERÇA	QUARTA
1	descanso	15 minutos a PSE 6-7; 2 x 4 minutos a PSE 8-9 e 2 minutos de recuperação a PSE 4-5; 15 minutos a PSE 6-7	6,5 km a PSE 6-7 divididos em 2 sessões
2	descanso	15 minutos a PSE 6-7; 2 x 6 minutos a PSE 8-9 e 4 minutos de recuperação a PSE 4-5; 15 minutos a PSE 6-7	6,5 km a PSE 7-8 divididos em 2 sessões
3	descanso	15 minutos a PSE 6-7; 4, 6, 4 minutos a PSE 8-9 e 4 minutos de recuperação a PSE 4-5; 15 minutos a PSE 6-7	8 km a PSE 6-7 divididos em 2 sessões
4	descanso	15 minutos a PSE 6-7; 6 x 2 minutos a PSE 8-9 e 2 minutos de recuperação a PSE 4-5; 15 minutos a PSE 6-7	8 km a PSE 7-8 divididos em 2 sessões
5	descanso	15 minutos a PSE 6-7; 3 x 4 minutos a PSE 8-9 e 2 minutos de recuperação a PSE 4-5; 15 minutos a PSE 6-7	10 km a PSE 6-7 divididos em 2 sessões
6	descanso	10 minutos a PSE 6-7; 3 x 6 minutos a PSE 8-9 e 4 minutos de recuperação a PSE 4-5; 10 minutos a PSE 6-7	10 km a PSE 7-8 divididos em 2 sessões
7	descanso	10 minutos a PSE 6-7; 6, 4, 2, 4, 6 minutos a PSE 8-9 e metade do tempo de recuperação a PSE 4-5; 10 minutos a PSE 6-7	10 km a PSE 7-8 divididos em 2 sessões
8	descanso	15 minutos a PSE 6-7; 8 x 2 minutos a PSE 8-9 e 2 minutos de recuperação a PSE 4-5; 15 minutos a PSE 6-7	11 km a PSE 6-7 divididos em 2 sessões

condições extremas

Se está planejando ir a um lugar elevado, frio, quente, úmido ou com um clima diferente do local onde fez seus treinos, não se esqueça de levar em conta que as necessidades de alimentação e de ingestão de líquido também mudam. Se, por exemplo, vai caminhar em lugares quentes ou em altitudes elevadas, coma e hidrate-se mais. Não confie na disponibilidade de suprimentos se estiver em locais afastados e, por precaução, leve alimentos desidratados e água para seu consumo. Tome cuidado com a água e procure se informar sobre o destino da viagem a fim de se preparar antecipadamente.

QUINTA	SEXTA	SÁBADO	DOMINGO
percurso *off-road* em terrenos diversos; 4 km	1 hora a PSE 6-7 ou descanso	45 minutos a PSE 5-6	6,5 km
20 minutos a PSE 5-6; 15 minutos de inclinação a PSE 7-8; 20 minutos a PSE 5-6	1 hora a PSE 6-7 ou descanso	treinamento alternado 30-60 minutos	8 km
20 minutos a PSE 6; 8 x 1 minuto de subida a PSE 8-9 e recuperação na descida; 20 minutos a PSE 6	1 hora a PSE 6-7 ou descanso	45 minutos a PSE 6	1 hora de caminhada
percurso *off-road* em terrenos diversos; 5 km	1h10 a PSE 6-7 ou descanso	45 minutos a PSE 6-7	10 km
treinamento alternado 1 hora	1h20 a PSE 6-7	45 minutos a PSE 6-7	11 km
percurso *off-road* em terrenos diversos; 6,5 km	1h30 a PSE 6-7 ou descanso	1 hora a PSE 6-7	2 horas de caminhada
percurso *off-road* em terrenos diversos; 8 km	1h30 a PSE 6-7 (pode ser dividida em 2 sessões)	1h30 a PSE 6	14,5 km
30 minutos a PSE 5-6; 30 minutos deinclinação a PSE; 30 minutos a PSE 5-6	1h130 a PSE 6-7 (pode ser dividida em 2 sessões)	treinamento alternado 30-60 minutos	2 horas de caminhada

semana 6 — como está seu progresso?

Se você vai participar de uma viagem com um grupo, certifique-se de que tem condições de acompanhar os demais. Se você seguir esse programa, porém, é provável que seja um dos participantes em melhor forma. Com um acompanhamento cuidadoso do programa não há por que duvidar de sua capacidade ou boa forma, desde que se preserve de qualquer lesão.

6

nível 6: avançado
(*trekking* de 1 semana continuação)

SEMANA	SEGUNDA	TERÇA	QUARTA
9	descanso	15 minutos a PSE 6-7; 4 x 4 minutos a PSE 8-9 e 2 minutos de recuperação a PSE 4-5; 15 minutos a PSE 6-7	11 km a PSE 7-8 divididos em 2 sessões
10	descanso	10 minutos a PSE 6-7; 4 x 6 minutos a PSE 8-9 e 4 minutos de recuperação a PSE 4-5; 10 minutos a PSE 6-7	13 km a PSE 6-7 divididos em 2 sessões
11	descanso	10 minutos a PSE 6-7; 2, 4, 2, 6, 2, 4, 2 minutos a PSE 8-9 e metade do tempo para recuperação a PSE 4-5; 10 minutos a PSE 6-7	13 km a PSE 7-8 divididos em 2 sessões
12	descanso	15 minutos a PSE 6-7; 10 x 2 minutos a PSE 8-9 e 2 minutos de recuperação a PSE 4-5; 15 minutos a PSE 6-7	14,5 km a PSE 6-7 divididos em 2 sessões
13	descanso	10 minutos a PSE 6-7; 4 x 4 minutos a PSE 8-9 e 2 minutos de recuperação a PSE 4-5; 10 minutos a PSE 6-7	16 km a PSE 6-7 divididos em 2 sessões
14	descanso	15 minutos a PSE 6-7; 6 x 2 minutos a PSE 8-9 e 2 minutos de recuperação a PSE 4-5; 15 minutos a PSE 6-7	17,5 km a PSE 7 divididos em 2 sessões
15	descanso	10 minutos a PSE 6-7; 12, 6, 12 minutos a PSE 8-9 e 4 minutos de recuperação a PSE 4-5; 15 minutos a PSE 6-7	19 km a PSE 6-7 divididos em 2 sessões
16	1 hora a PSE 7	descanso	2,5 km a PSE 7

caminhando nas alturas

Caminhar em local de altitude elevada pode causar o mal de montanha agudo (em inglês, *acute mountain sickness*, ou AMS). O corpo se acostuma com os baixos níveis de oxigênio, mas não tenha pressa nas subidas nos primeiros dias. Entre os sintomas do AMS estão falta de fôlego, dor de cabeça e tontura. Voltar a altitudes mais baixas reduz o problema, mas se isso não ocorrer procure um médico. Informe-se sobre segurança e equipamentos antes de sair de casa.

QUINTA	SEXTA	SÁBADO	SÁBADO
20 minutos a PSE 6; 6 x 2 minutos de subida a PSE 8-9 e recuperação na descida; 20 minutos a PSE 6	1h40 a PSE 6-7 (pode ser dividida em 2 sessões)	2 horas a PSE 6	17,5 km
percurso *off-road* em terrenos diversos; 10 km	1h50 a PSE 6-7 (pode ser dividida em 2 sessões)	2h30 a PSE 6-7	18,5 km
percurso *off-road* em terrenos diversos; 11 km	2 horas a PSE 6-7 (podem ser divididas em 2 sessões)	2h40 a PSE 6-7	3 horas de caminhada
30 minutos a PSE 6-7; 1 hora de inclinação a PSE 8; 30 minutos a PSE 6-7	2h30 a PSE 6-7 (podem ser divididas em 2 sessões)	3 horas a PSE 5-8	19 km
treinamento alternado 30-60 minutos	3 horas a PSE 6-7 (podem ser divididas em 2 sessões)	3 horas a PSE 5-8	22,5 km
20 minutos a PSE 6; 8 x 2 minutos de subida a PSE 8-9 e recuperação na descida; 20 minutos a PSE 6	3 horas a PSE 6-7 (podem ser divididas sem 2 sessões)	3 horas a PSE 6-8	6 horas de caminhada
percurso *off-road* em terrenos diversos; 13 km	4 horas a PSE 6-7 (podem ser divididas em 2 sessões)	4 horas a PSE 6-7	4 horas de caminhada
descanso	2 horas a PSE 6-7 (podem ser divididas em 2 sessões)	descanso	**início das férias**

3

como...

...participar de uma maratona

...caminhar e perder peso

...garantir boa forma a longo prazo

...participar de uma maratona

Uma maratona é um duro teste de resistência e deve ser encarada com seriedade, o que torna tão gratificante a conclusão da prova. Você treinou pesado e deve estar cansado, com o corpo rígido e deve ter havido momentos nos quais se perguntou por que começou tudo isso. Mas lembre-se de que os meses de treinamento parecerão insignificantes quando você cruzar a linha de chegada. O apoio dos espectadores durante o trajeto mantém o ânimo, mas é sua disposição e determinação que o manterão firme até o final. Veja os principais aspectos para obter bons resultados na prova:

1 programe suas caminhadas

Se quiser participar de um percurso como o de uma maratona, não pode relaxar no treinamento. Siga os treinos indicados e dedique-se ao programa. Se seu ritmo de trabalho for inconstante ou outros acontecimentos da vida dificultam as caminhadas longas, adapte o programa ou altere seu objetivo. Tudo será mais fácil e mais seguro se se mantiver o mais perto possível do programa.

2 trabalhe a velocidade

Fazer caminhadas a ritmo acelerado ao menos duas vezes por semana ajuda a estimular sua velocidade e a resistência para uma maratona. Também contribuirá para sua forma física e para estimular o interesse por caminhadas mais longas.

3 aumente o tempo das caminhadas

Não é possível preparar o corpo para caminhar durante várias horas em um evento sem dedicar muito tempo para treinamento. Aumente o tempo gradualmente e tente caminhar sobre terrenos distintos para reduzir o desgaste.

4 dê um tempo para você

O treinamento esportivo pode tomar toda uma vida. O desejo de se tornar mais veloz e mais saudável pode fazer com que tudo o mais pareça luxo desnecessário. Não caia nessa armadilha: o descanso constitui uma parte importante do programa, e por isso é preciso respeitar as pausas previstas no programa.

semana de preparação

1 Caminhe a passo tranqüilo por no máximo vinte minutos durante cinco dias. Descanse totalmente nos dois dias restantes.

2 Alimente-se normalmente, pois a medida permite que seu corpo reponha naturalmente as reservas de glicogênio consumidas nas caminhadas.

3 Beba bastante líquido, sobretudo nos últimos dias.

4 Organize os aspectos relacionados ao transporte. Convide os amigos e familiares para que assistam à prova e lhe dêem apoio.

5 Se estiver frio, não esqueça de levar roupas quentes para o final da prova. Coloque na mochila tudo o que for necessário: talvez seja preciso deixá-la com algum amigo ou com a organização do evento.

6 Se estiver doente ou se recuperando de alguma lesão, desista de participar. Lembre-se de que haverá outras oportunidades.

7 Não mude nada. Roupas, calçados e alimentos novos podem esperar até o término do evento. Se você sabe o que funciona, não mexa em time que está ganhando.

dia da prova

1 Não pule o café-da-manhã e coma duas horas antes do início da prova.

2 Permaneça com a maioria do grupo até que este comece a se reduzir naturalmente. Ultrapassar outros corredores nesta etapa apenas servirá para irritá-lo (e também aos outros) e atrapalhar sua técnica e seu ritmo naturais.

3 Faça pelo menos metade do percurso a um ritmo confortável. Depois de passar a marca dos 29 km, acelere um pouco o ritmo, se suas pernas permitirem.

4 Beba pequenos goles de água com freqüência. Ingestões regulares também ajudam a reduzir a necessidade de parar para ir ao banheiro, embora os percursos disponham da estrutura necessária.

5 Altere seu ritmo no decorrer do percurso. Por exemplo: prefira um ritmo mais lento enquanto bebe ou come algo e mais rápido quando se aproximar de um responsável pela contagem do tempo.

6 Coma pelo menos 100 calorias a cada hora de caminhada. Prefira alimentos de fácil digestão e que caiam bem no estômago.

7 Comemore sua conquista ao passar pelos espectadores: você merece.

...caminhar e perder peso

saúde em equilíbrio
A prática de exercícios e o controle de calorias isolados não bastam para controlar o peso: o ideal é praticar esportes regularmente e alimentar-se bem. O equilíbrio da saúde envolve a boa coordenação entre as necessidades calóricas e a ingestão de calorias. Os exercícios não podem ser vistos como desculpa para comer mais ou como uma atividade que pode ser dispensada quando se come um pouco menos, uma vez que os benefícios trazidos pela prática esportiva não podem ser obtidos de outra forma.

As dietas eficientes para perder peso não são bem-sucedidas apenas porque reduzem as calorias. Seja uma dieta que envolve a exclusão de um grupo inteiro de alimentos *(págs. 31-2)*, seja uma que faz uso de suplementos, a má notícia é que dietas da moda nunca conseguirão substituir uma rotina alimentar saudável. Chegar ao peso certo leva tempo. Um ganho quase invisível de apenas meio quilo por ano significa um acréscimo de nove quilos em vinte anos. Conseguir manter os ponteiros da balança imóveis já é algo bastante positivo.

Quando você decide perder peso, nenhuma teoria sobre calorias, tipos de alimento ou regimes que envolvem exercícios surte efeito se o estilo de vida for inadequado.

você tem expectativas realistas?

- **a** Seu guarda-roupa está cheio de roupas à espera de sua perda de peso para serem usadas?
- **b** Você deixou de fazer alguma coisa até perder peso?
- **c** Você tenta perder peso há mais de dois anos?
- **d** Você compra todos os livros sobre dieta na esperança de encontrar uma fórmula mágica?

Se a resposta a qualquer uma das perguntas acima for "sim", faça uma lista honesta (não é preciso mostrá-la a ninguém) das razões que movem seu desejo de perder peso. Em seguida, escolha os três motivos mais decisivos e fixe-os em locais de fácil observação, como o espelho de seu quarto ou a porta da geladeira (se não quiser que outras pessoas compreendam a mensagem, você pode adotar um "código").

identificação dos pontos fracos

Concentre seus esforços na mudança de comportamento sempre que responder afirmativamente a qualquer uma das perguntas abaixo:

- **a** Você ataca a geladeira ao sentir tédio?
- **b** Você cozinha em quantidade e não deixa sobras?
- **c** Você avalia seu apetite pelo tamanho de seu prato?
- **d** Você adia exercícios para amanhã, para quando o tempo melhorar ou para quando tiver companhia?
- **e** Você desanima quando a balança não aponta a perda esperada de peso?

...garantir boa forma a longo prazo

Caminhar pode ser a atividade escolhida para manter a forma e o ânimo quando outras alternativas parecerem sem graça. Para manter uma agradável e duradoura rotina de caminhadas, siga as dicas abaixo e viva forte e saudável.

ache seu ritmo

O ritmo e o tipo de caminhada que escolher podem variar com o tempo. Certifique-se de que a velocidade e a distância estão adequadas sem usar parâmetros alheios.

não desanime

Mantenha-se em movimento, mesmo quando parecer difícil. Se não puder caminhar, dedique-se a exercícios alternativos para manter a força dos músculos e a flexibilidade das articulações.

livre-se das preocupações

Aprenda a conviver com os problemas. Ninguém tem uma vida livre de estresse, mas é possível estar em boa forma para enfrentar as dificuldades do caminho.

distribua sua satisfação

Toda experiência e satisfação ganhos podem ser usados para ajudar na organização de eventos, em clubes ou para auxiliar outras pessoas. Sua atitude e seu conhecimento são valiosos.

inspire e inspire-se

São tantos os benefícios da caminhada que seria egoísmo não partilhá-los com outras pessoas. Estimule outras pessoas a conhecer os prazeres da caminhada.

a vida a pé

Caminhe sempre que puder, tentando caminhos novos e redescobrindo antigos trajetos.

ofereça apoio

A melhor motivação vem dos amigos e familiares. Se conseguir motivá-los a adotar uma vida ativa, você já será um campeão.

mundo afora

Faça de suas férias um motivo para caminhar. Procure lugares novos e curiosos e contemple-os com novo olhar, conforme acerta o ritmo de sua caminhada.

índice

agradecimentos

Agradecimentos especiais a YHA Adventure Shop pelo fornecimento do equipamento e à Sweatshop pela gentil cessão de roupas e acessórios.

Agradecimentos à modelo Katy Bartlett.

Fotografias adicionais: Mike Good

Os editores fizeram todos os esforços para dar os créditos a quem aparece neste livro e se desculpam antecipadamente por qualquer omissão involuntária. Lembramos que teremos prazer em incluir eventuais créditos esquecidos nas próximas edições desta obra.